Mira Ungewitter

Gott ist Feministin

Mira Ungewitter

Gott ist Feministin

Mein Leben mit Eva, Maria und Lady Gaga

HERDER

FREIBURG · BASEL · WIEN

Dieses Buch basiert auf einem gleichnamigen Audible Original aus dem Jahr 2023.

Hermann-Herder-Straße 4, 79104 Freiburg
produktsicherheit@herder.de

www.herder.de

Abbildungen:
S. 48: Foto: privat
S. 57: Niclaus Gerhaert von Leyden († 1473): Madonna mit dem Kind (Dangolsheimer Muttergottes), Straßburg um 1460/1465, Nußbaumholz, Reste ursprünglicher Fassung; 102 cm hoch; vermutlich aus der Kartäuserkirche Straßburg. Skulpturensammlung (Inv. 7055, erworben 1913), Bode-Museum Berlin, Foto: Andreas Praefcke (https://commons.wikimedia.org/wiki/File:Dangolsheimer_Muttergottes.jpg)

Satz: Daniel Förster, Belgern
Herstellung: GGP Media GmbH, Pößneck

Printed in Germany

ISBN Print 978-3-451-39035-7
ISBN E-Book (EPUB) 978-3-451-83052-5

INHALT

Meiner Mutter

KAPITEL 1

DIE ERSTE FRAU DER WELT

»Sie waren nackt und schämten sich nicht.«

Mein Blutdruck steigt, als die ersten Klänge der Musik aus den Boxen ertönen. *Wonderwall* von *Oasis* durchbricht die Stille und erfüllt den Garten. Aber entgegen aller Hörgewohnheit in einer getragenen Moll-Version. *Oasis* nicht beim Feiern, sondern in feierlich. Genauer gesagt hochzeitsfeierlich. Zugegeben eine Coverversion in Moll. Die Junisonne scheint mir ins Gesicht. Den schlechten Wettervorhersagen zum Trotz leuchtet der Himmel über den Weinbergen eine Autostunde nördlich von Lissabon in einem strahlenden Blau. Habe ich es doch gewusst! Wettervorhersagen eines Besseren zu belehren ist, wie ich finde, eine recht erhabene Form der Besserwisserei. Die Schäfchenwolken geben mir recht.

Die Anfahrt war schon traumhaft. Hinweg über kleine Landstraßen. Vorbei an Feldern. Weiß getünchte Häuschen mit rotbraunen Ziegeldächern. Goldene Hügel übersät mit Zypressen, Olivenhainen und Weinstöcken. Weinreben, die wohl schönste aller Pflanzen, soweit das Auge reicht. Das ergibt viele Flaschen Bibelsaft. Weiter geht die Fahrt, vorbei an einem Fluss und durch ein kleines Dorf. Die Straßen werden enger. So eng, dass ich befürchtete, dass der Shuttlebus, der mich, die Pastorin, und die sechs *groomsmen*, also die Begleiter des Bräutigams, transportiert, es nicht ganz bis zum Ziel schaffen werden.

Nach einer haarscharfen Kurve liegt Solar de Pancas, ein fünfhundert Jahre altes Anwesen am Rande der Kleinstadt Alenquer, vor uns: ein riesiges sandsteinfarbenes Haus. Doppelstöckig mit weißen Fensterrahmen. Die eine Hälfte ist komplett mit tiefgrünem Efeu überwachsen. Die andere Seite bildet dazu mit ihrem sanften Beige einen starken Kontrast. Aber auch hier wachsen einige zarte hellgrüne Ranken empor. Als ob sich die Natur den Ort zu eigen machen würde. In jedem Fall lässt der Kontrast diesen surrealen Ort lebendiger wirken. Zur Krönung des ersten Eindrucks lugt über dem Dach die Krone einer riesigen Palme hervor. Es ist so schön, dass es schon fast wie eine Kulisse wirkt. Aber keine, in der man nicht sein will. Im Gegenteil. Heute ist so ein Tag, der sagt: Ja. Einmal alles, bitte. Nicht kleckern, sondern protzen. Im besten Sinne des Wortes. Mehr Sonne. Mehr Sommer. Mehr Liebe. Und später dann noch mehr Wein.

Es ist der fünfte Juni 2018, und ich leite die freie Trauung von Adrienne und Mario im Garten dieser wunderschönen Location in Portugal. Ich konzertiere mich auf einen festen Stand, gar nicht so leicht in den roségoldenen Riemchensandaletten mit zehn Zentimetern Absatz auf dem leicht sandigen Boden. Von meiner Schulter hängen breite hellrosa Bänder herab, die dem sonst eher schlichten blauweißen Sommerkleid das gewisse hochzeitstaugliche Etwas geben. In meinen Händen halte ich die »gute« Predigtmappe aus taubenblauer Pappe.

Hinter mir und meinem Rücken erstreckt sich eine Doppeltreppe, dekoriert mit Orchideen und Palmblättern. Die Treppe führt mit zwei Abgängen in den Garten, in dem die Trauung in wenigen Momenten beginnen wird. Der Garten liegt etwas unterhalb des Hauses und wird nach hinten hin von einer Mauer in guter Sitzhöhe abgeschlossen. Vor dem Mäuerchen wachsen üppige lila Lavendelsträucher in akkuraten Abständen. Von dort aus schaut man ins Landesinnere, erneut auf Hügel und Senken. Die Seiten des Gartens sind durch meterhohe Bambushecken begrenzt. Die Rasenflächen wurden in symmetrischen Feldern angelegt und frisch gemäht. Überhaupt folgt alles einem symmetrischen Muster, einer bestimmten Harmonie. Im Zentrum des Gartens stehen zwei riesige Bäume, deren Laubkronen fast ein Dach bilden. Versetzt dazu ragen zwei riesige Palmen wie Säulen über den Garten und das Anwesen hinaus.

Unter den zwei riesigen Laubbäumen sitzen jetzt auf weißen Holzstühlen die Familien und Freunde aus aller Welt und aus allen Himmelsrichtungen. Die Braut ist die Tochter philippinischer Eltern, die in die USA ausgewandert sind. Der Bräutigam vereint Köln und Kroatien in sich. Mario ist einer der besten Freunde meines Ex-Freundes, der ebenfalls zugegen ist.

Ich war durchaus erstaunt, als rund ein Jahr zuvor mein Handy klingelte und eine amerikanische Nummer angezeigt wurde. Mario rief mich aus den USA an, wo er seit einigen Jahren in New York zusammen mit Adrienne lebte, und er berichtete von seiner Verlobung. Sie hätten zwar beide nicht wirklich was mit »Kirche« zu tun, aber sie würden es sehr schön finden, wenn ich diesen besonderen Moment begleiten würde. Adrienne sei zudem auch Feministin.

Die Braut kannte ich bis dato in erster Linie über Social Media. Auf ihrem Facebook-Account waren zahlreiche Fotos aus dem Vorjahr von ihr beim *Women's March* 2017 in Washington zu finden. Mit dicken Winterjacken, Protestschildern und pinken Wollmützen »bewaffnet« lächeln mich Adrienne und ihre Freundinnen von den Bildern aus an. Die Demonstration fand damals nach der Amtseinführung Donald Trumps statt und war eine der größten Protestaktionen in der Geschichte der Vereinigten Staaten. Zehntausende Menschen demonstrierten friedlich gegen Sexismus und für Menschenrechte – Menschenrechte, das heißt auch Frauenrechte, was es ja leider immer noch zu betonen gilt. Sie demonstrierten auch für LGBTIQ+-Rechte; für Gesundheits- und Migrationsreformen; für

Gleichheit und Religionsfreiheit. Die pinken Strickmützen der sogenannten *Pussyhat-Movement* waren dabei Symbol dafür, dass man auch nur mit Häkelzeug bewaffnet ein Zeichen gegen Ungerechtigkeit setzten kann.

Auf den Fotos aus Washington sind auch einige der Freundinnen zu sehen, die jetzt zusammen mit den Begleitern des Bräutigams als Braujungfern im Spalier stehen. Sie sind abwechselnd in violette und mintgrüne Kleider gehüllt, die Begleiter des Bräutigams in marineblaue Anzüge. Jeweils sechs Personen auf jeder Seite. Ich komme mir vor wie in einem amerikanischen Spielfilm, was bei der ganzen Szenerie kein Wunder ist. Allerdings bin ich nicht die Braut, sondern die Pastorin. Was mir irgendwie noch mehr gefällt.

Ich schlage die Mappe auf und nicke dem Übersetzer zu. Ich atme ein. Adrenalin arbeitet sich durch meinen Körper. Ich atme aus. Reden halten ist und bleibt spannend. Die Aufregung steigt. Allerdings nicht auf die hektische Art, sondern diese tief konzentrierte Weise, die mich meinen eigenen Herzschlag hören lässt. Gefühlt bin ich, abgesehen vom Brautpaar, immer die nervöseste Person. Blöd ist nur, dass ich als trauungsleitende Pastorin souverän rüberkommen muss. Auch der Bräutigam kämpft heute sichtlich um Souveränität.

Es kann nicht mehr lange dauern. Ein letzter Blick in die Runde und in all die erwartungsvollen Gesichter. Alle werden ganz still. Am Ende des Mittelganges steht bereits die schneeweiße Hochzeitstorte mit glatter Glasur. Die drei zuckrigen Stockwerke mit gold-grüner Krönung sollen direkt nach der Trauung angeschnitten werden. Aus Ja und Amen wird Ja und Kuchen.

Es riecht nach Sommer. Nach Sonne. Nach frisch gemähtem Gras und nach Vorfreude, nach Liebe und Rosé. Sehr besonders und doch maximal lässig. Ein bisschen wie im Paradies. Dazu aus den Boxen die berühmten Gitarrenakkorde: *Because maybe …*

Alle Blicke richten sich nach oben: Adrienne erscheint oberhalb der Treppe. Als sie nun die Stufen hinunterschreitet, sieht sie wirklich aus wie ein »Wunderwesen«, wundervoll, wallend und wunderschön.

Ihr leicht gewelltes, tiefschwarzes Haar fällt ihr über die rechte Schulter. Das Kleid aus weißer Spitze ist schlicht und elegant. Der Rock liegt leicht auf dem Boden auf. In der Hand hält sie einen Brautstrauß, bestehend aus einer einzigen großen weißen Blumenblüte, umgeben von einem großen dunkelgrünen Blatt.

Während sie in langsamen Schritten passend zum Takt der Musik immer näherkommt, wirkt sie fast wie eine Elfe. Mario, den ich sonst nur sehr tough und, sagen wir, etwas vorlaut kenne, wischt sich die Tränen aus den Augen. Adrienne lächelt. Sie ist Marios *Wonderwall.*

Die Musik verstummt. Jetzt stehen beide vor mir. Die Trauung kann beginnen.

»Liebes Brautpaar. Liebe Familie. Liebe Freunde des Brautpaares.

Jetzt ist er da, der große Tag! Ich möchte mich als erstes für eure Liebe und eure Großzügigkeit bedanken, die Menschen aus der ganzen Welt in dieses wunderschöne Land, in diese spannende Stadt und letztlich an diesen wunderbaren Ort gebracht haben.«

Ich hatte noch bis zum Abend davor an der Rede gearbeitet. Bei Hochzeiten, egal ob kirchlichen Hochzeiten oder freien Trauungen (also Trauungen ohne einen dezidiert religiösen Hintergrund), versuche ich so intensiv wie möglich auf das Paar einzugehen. Etwas über die beiden als Paar, aber auch als Individuen zu erfahren. Gibt es wie in diesem Fall einen oder mehrere Songs, die die beiden mögen oder zu denen sie eine besondere Beziehung haben? Gibt es gemeinsame oder besondere Hobbies, berufliche Parallelen? Verbindet die beiden ein gemeinsames Motto oder eine Lebensphilosophie? Teilen sie einen Glauben oder eine Spiritualität, Überzeugungen oder Passionen? Sind es vielleicht auch bemerkenswerte Kontraste, die sie am Gegenüber schätzen? Und natürlich: Wie haben sich die beiden kennengelernt?

Gerade wenn ich nach Letzterem frage, fällt die Antwort immer besonders schön und aufschlussreich aus. In den meisten Fällen liegt der Zeitpunkt schon einige Jahre zurück. Die Gespräche sind dann nochmal wie eine Zeitreise in die Vergangenheit. Eine Reise zu den ersten Schmetterlingen im Bauch.

Die großen und kleinen Besonderheiten zweier Lebenswege flackern erneut auf. Einige Geschichten sind lustig. Oft sind es die ersten eher tollpatschigen und aufgeregten Annäherungsversuche. Das erste schüchterne »Hallo« im Fahrstuhl, im Büro, oder die sturzbetrunkene Anmache in der Bar. Einige Momente werden in dieser Rückschau sicherlich etwas verklärt. Andere Liebesgeschichten wiederum bleiben: Quadratisch. Praktisch. Gut. Aber auch die in Sachen Romantik eher inselbegabten Gemüter werden hier durchaus recht rührselig. Und kaum ein Paar kann der Versuchung widerstehen, in ihrer gemeinsamen Geschichte nicht doch einen Hauch von *Fügung* zu verorten: »Eigentlich wollte ich an dem Abend ganz woanders hin, aber dann kam alles anders.«

Manche dieser Gespräche können auch traurig sein, gerade wenn an so einem Tag Menschen fehlen, deren Abwesenheit oder Verlust jetzt nochmal besonders schmerzlich hervortritt und einfach wehtut. All diese Erinnerungen; Erzählungen; Anekdoten, all die Lieder, Hoffnungen und Lebensweisheiten versuche ich in ihrer Essenz zu erfassen und dann in der Rede zu bündeln. In der Hoffnung, dass das Paar, die Freunde und Familien in der Rückschau nochmal ein Stück der Liebesgeschichte der beiden mitgehen können.

In diesem Fall kannte sich das Paar bereits seit dreizehn Jahren: Adrienne und Mario hatten sich mit Anfang, Mitte zwanzig auf einer Party in Beijing kennengelernt. Nach einer »guten gemeinsamen Zeit«, wie sie es nannten, haben sie sich entschlossen, erstmal nur Freunde zu bleiben. Denn beide zog es in die Welt. Unterschiedliche Studienorte. Abenteuerlust und das Gefühl, dass es einfach zu früh ist, ließ sie einander erstmal loslassen. Sechs Jahre später erreichte Mario eine Nachricht per Facebook von einem Erdbeben in einer Region, in der Adrienne sich zu diesem Zeitpunkt aufhielt. Ein nächtliches »Alles okay bei dir?«-Skype-Gespräch quer über den Globus führte dazu, dass der Kontakt wieder aufgenommen wurde. Aus dem Gespräch wurde eine Verabredung für einige Monate später zum Münchener Oktoberfest. Dating in Zeiten der Globalisierung. Aber ganz im Ernst: Wo könnte alte Liebe auch besser neu entflammen als zwischen Maßkrügen und Weißwürsten? Und da sag mal jemand, die Romantik sei tot. Auf Beijing und München folgte eine Fernbeziehung zwischen Frankfurt, Bologna, New York und Washington. Je nachdem, wo einer der beiden gerade lebte. Eine moderne Liebesgeschichte über viele Grenzen hinweg.

Genau das möchte ich an diesem Tag mit den anderen Anwesenden teilen, aber nicht nur als schlichte Erzählung der Liebesgeschichte zwischen Mario und Adrienne, denn auch bei einer freien Trauung bleibe ich natürlich Pastorin. Dabei ist es mir wichtig, niemandem etwas Religiöses überzustülpen und gleichzeitig auch in meinem Glauben authentisch zu bleiben. Ich würde den Menschen niemals ein Versprechen, einen Schwur oder eine religiöse Handlung aufzwingen, die sie nicht wollen oder an die sie nicht glauben. Aber ich glaube daran, dass man auch Worte verschenken kann. Auch biblische Worte.

Als Theologin begreife ich die Bibel nicht nur, aber *auch* als einen Schatz, der Menschen weltweit durch Jahrtausende hindurch verbindet. Dabei ist das Buch der Bücher vielmehr eine ganze Bibliothek, gefüllt mit ganz vielen Büchern und Texten. Gebeten und Liedern. Mit Geschichten von Menschen, von denen ein Teil ihrer Lebensgeschichte, ähnlich wie bei Paaren in einer Traurede, niedergeschrieben wurde. Mich fasziniert, dass diese Texte so lange Zeiten überdauert haben. Auch welchen Einfluss sie auf die Geschichte haben und hatten. Sowohl im positiven als auch im negativen Sinne. Und als Theologin ist es manchmal wie bei einer Schatzsuche, wenn man so einen Text analysiert. So als ob man ein paar Staubschichten entfernen wollen würde. Und durch Übersetzungsarbeit und historische Zusammenhänge auf einmal einen Wort-Schatz findet. Und so einen Schatz gilt es dann zu teilen. Daher versuche ich jedem Paar einen passenden Vers, ein passendes Wort oder Bild, das sich mit den Wünschen, der gemeinsamen Geschichte, der Musik und der Geschichte der beiden verbindet, mitzugeben. Ein biblisches Wort-Geschenk.

In der Vorbereitung für die Rede für Mario und Adrienne habe ich lange über die Zeilen des von ihnen gewählten Lieds *Wonderwall* nachgedacht. Darin heißt es, dass das geliebte Gegenüber das Wunderwesen sei, das auch Rettung bedeutet. »Wunderwesen«. Der Mensch, der mich »rettet«.

»Als Pastorin, das liegt in der Natur der Sache, höre ich Texte auch häufig mit einer Art biblischem Ohr«, sage ich an diesem Tag in meiner Rede. »Und dieser Satz ›Du bist der- oder diejenige, die mich rettet‹, ist zutiefst biblisch.« Er erinnert mich an einen biblischen Text, den ich nun ebenfalls mit etwas übertrieben ernster Stimme zitiere. Er ist quasi mein 2500 Jahre altes Wortgeschenk aus dem zweiten Kapitel des Buches Genesis, 18. Vers: »Und Gott der Herr sprach: Es ist nicht gut, dass der Mensch allein sei; ich will ihm eine Hilfe machen, die ihm entspricht.« (LUT)

Jetzt bin ich nicht nur Pastorin, sondern auch Feministin, und ich weiß, dass das nicht gerade ein Satz für ein Demonstrationsschild beim Frauenmarsch ist. Der Satz hört sich auch nicht wie ein wünschenswertes Rollenmodell für eine Ehe im 21. Jahrhundert an. Schwingt doch hier beim ersten Hören und nach 2500 Jahren Rezeptionsgeschichte mehr als nur ein unguter Beigeschmack mit, wenn wir an Adam und Eva denken. Eva als Hilfe des Mannes? Eine Art ewige Putzhilfe?

Ist das nicht das Bild, das hier vermittelt wird? Die Frau als Helferin. Die Frau als eine Nebendarstellerin. Eine Fußnote in der Geschichte des Mannes? Kann das der Sinn des Textes oder gar Gottes Wille sein? Eine wichtige Frage vor dem Hintergrund der Tatsache, dass diese biblischen Geschichten nicht nur das religiöse Denken, sondern auch das gesamtgesellschaftliche Bild von Frauen mitgeprägt haben und immer noch weltweit prägen. Nicht zuletzt haben mächtige Kirchenmänner mit dieser Zeile über die Jahrhunderte hinweg u.a. für die Unterdrückung der Frau argumentiert.

Wie also passt die Hochzeit eines feministischen Paares mit Adam und Eva und einem Oasis-Song zusammen? Vor allem unter der großen Überschrift und Behauptung dieses Buchs, dass Gott Feministin ist?

***

An dieser Stelle möchte ich gerne in eine kurze biblische Geschichte oder, besser gesagt, in den Garten Eden hineinspringen. So ein bisschen wie in der Szene bei Mary Poppins, wenn sie in die Kreidebilder springen. Einfach kurz in den Text auf den ersten Seiten der Bibel eintauchen. Kann man im Rahmen des Feminismus etwas mit Adam und Eva anfangen? Auf jeden Fall!

Wenn wir also jetzt eine Bibel aufschlagen würden, befände sich die Geschichte von Adam und Eva im Paradies wahrscheinlich auf der zweiten Seite im Buch Genesis. Das Wort *genesis* ist übrigens altgriechisch und hat, wie viele biblische Begriffe, ein breites Bedeutungsspektrum. Genesis kann heißen: Entstehung. Geburt. Oder Schöpfung. Etwas Elementares, das im Werden ist. Wir würden es heute vielleicht mit »Entstehungsprozess« übersetzen. Der eigentliche Urtext ist hebräisch, hier heißt das Buch *bereschit* und bedeutet »im Anfang«.

Die Schöpfungsgeschichte, also die Genesisgeschichte, ist kein Polizeiprotokoll, das einen genauen historischen Ereignisablauf wiedergibt. Es geht hierbei nicht um eine naturwissenschaftliche Korrektheit aus heutiger Sicht. Die Texte sind vielmehr eine Annäherung an die Vorstellung von den geheimnisvollen Ursprüngen dieser Welt. Sie malen Bilder durch Sprache. Dabei ist die Sprache, in der die Texte verfasst sind, das Althebräische, ohnehin schon eine Sprache voller Bilder. Eine sinnliche und metaphernreiche Sprache. Die Worte malen, was sie ausdrücken wollen. Ein Vogel ist beispielsweise ein Flügeltier. Desweiteren stehen da am Anfang auch zwei verschiedene Schöpfungstexte neben- bzw. nacheinander.

Der erste Schöpfungstext ist der mit den berühmten sieben Tagen ganz am Anfang der Bibel in Kapitel 1. Darauf folgt im zweiten Kapitel eine weitere Überlieferung rund um die Vorstellung vom Paradies. Im ersten Text, der mehr Gedicht als Bericht zu sein scheint, wird beschrieben, wie Gott, so die Vorstellung, die Welt vollkommen mystisch durch einen einzelnen Satz beginnt: »Es werde Licht! Und es wurde Licht.« (Genesis 1,3, LUT) Auf das Licht folgen dann Tag und Nacht. Himmel und Firmament. Meer und die Erde, mit all ihren Pflanzen. Sonne, Mond und Sterne. Alle Tiere zu Wasser und Land.

Am sechsten Tag schuf Gott zuletzt den Menschen. Nicht den Mann schuf Gott »zu seinem Ebenbilde«, wie es früher so schön hieß. »Männlich und weiblich erschuf er sie« (Genesis 1,27, EÜ), (also die Menschen oder die Menschheit), was eine bessere Übersetzung ist als »Mann und Frau«. Beides ist in Gottes Wesen verankert. Als die zwei Außenpole eines Wesens, in dem sich Geschlechtlichkeit insgesamt in vielen Facetten spiegelt. Ein Gedanke, der mich sehr fasziniert. Dazu ganz am Ende des Buches nochmal mehr.

Im Übrigen haben sich alle Kulturen zu allen Zeiten mit diesen ewigen Fragen »Woher kommen wir?« und »Wohin gehen wir?« beschäftigt. In den aus diesen Fragen resultierenden Weltsichten, Religionen, Kulten oder Riten banden sie die ihnen bekannten Naturkräfte, denen sie manchmal unmittelbar ausgesetzt waren, ein. Jahreszeiten. Wärme und Kälte. Rhythmen wie Tag und Nacht. Sonne und Mond. Dunkelheit und Licht. Lebensraum. Meere. Flüsse. Berge. Wüsten. Pflanzen und Tiere. Das Gleiche gilt aber auch für Energien und Lebensphänomene wie Sexualität, Geburt und Sterben. Und die Beobachtung von Körpern, die nach ihrem Tod wieder in die Erde eingehen und wieder zu Staub, zu Erde werden. Dabei lag für die Menschen die Vorstellung nahe, dass etwas in diesen Elementen, wie Erde und Wasser, auch mit unserem Ursprung zu tun haben könnte.

All diese Beobachtungen. Alles damals vorhandene Wissen. Alle Vermutungen. All die damit verbundenen Ängste, aber auch die endlose Faszination und auch die Vorstellungen von Gott flossen in die

Entstehung dieser ersten mündlichen, später verschriftlichten Erzählungen der ersten Schöpfungsgeschichte in die Genesis mit ein.

Das gilt aber auch für die zweite Schöpfungserzählung vom Paradies, die sich direkt an die Sieben-Tage-Story anschließt. Auch dieser Text hat einen archetypischen Charakter. Es ist so, als ob dieser zweite Text es nochmal ganz genau wissen will. Nochmal hineinzoomt in das Geschehen rund um die Menschheit. Dabei zielen die Paradiesbeschreibungen auf einen Idealzustand ab. – Willkommen im Paradies. Willkommen im Garten Eden. Im Garten der Wonne oder Seligkeit. Das althebräische Wort *eden* kann beides bedeuten.

Dem Wonne-Garten liegt tiefroter Erdboden zu Grunde, auf den es sanft regnet. Die Erde und das Wasser bilden hierbei so etwas wie eine Art kreatürliche Urmasse, die jetzt weitere Verwendung findet, denn: »Da formte Gott, der Ewige, den Menschen aus Erde.« (Genesis 2,7) – Die Erzähler:innen scheinen sich Gott in dieser Erzählung also nicht wie eine kosmische Stimme, sondern wie einen Kunsthandwerker vorzustellen, der aus den Grundelementen Erde und Wasser den ersten Menschen entstehen lässt. Das ist eigentlich eine sehr schöne Vorstellung. Der Mensch als Ergebnis eines künstlerischen Aktes. Da wird ein Wesen namens Mensch mit Liebe zum Detail gestaltet. Die Szene erinnert mich allerdings auch ein bisschen an Meister Geppetto, der in seiner Holzwerkstatt sitzt und liebevoll und kunstfertig seinen Holzpuppen-Sohn Pinocchio ins Dasein modelliert. In dieser Geschichte, genau wie in der Bibel, braucht es einen weiteren übernatürlichen Akt, der aus dem leblosen Körper einen lebendigen Menschen werden lässt. Nämlich Atem:

»Dann blies er dem Wesen seinen göttlichen Odem ein.« (Genesis 2,7)

Erde. Wasser. Luft. Fertig ist der lebendige Mensch. Fertig ist Adam. Adam, der mittlerweile zum Eigennamen geworden ist oder als archetypischer erster Mann verstanden wird. Bedeutet in erster Linie aber einfach nur »Mensch«. *Adam*, »der Mensch«. *Adama*, »die

Menschheit«. Von einer geschlechtlichen Definition wie »männlich« ist hier erstmal gar nicht die Rede.

Die ewige Gottheit kommt jetzt erst so richtig in Fahrt. Wohin mit dem Menschen? Ein Garten soll es sein. Und was für einer!

Der Garten Eden entsteht nun ein wenig wie durch Zauberei. So heißt es: »Gott ließ aus dem Ackerboden allerlei Bäume und Pflanzen wachsen.« (Genesis 2,9) Ich bin sicher, auch Zypressen. Olivenbäume; Lavendel; Orchideen und Weinreben; hoffentlich auch noch Kakao- und Kaffeebäume; Gänseblümchen; Mango- und Avocadobäume; Himbeersträucher und Erdbeeren – eben allerlei Bäume und Pflanzen mit köstlichen Früchten, verlockend anzusehen. Auch in Eden stehen wie in dem Garten in Portugal in der Mitte zwei große Bäume. Der Baum des Lebens und der Baum der Erkenntnis des Guten und des Schlechten. Des Weiteren ist das Paradies durchzogen von Flüssen, an denen Gold und rote Edelsteine zu finden sind. Die Flüsse wirken, als würden sie dem Garten seine Symmetrie verleihen. Ich stelle mir an der Stelle den Garten Eden immer vor wie das Bruchtal in »Der Herr der Ringe«: ein riesiges und fantastisches Areal. Durch und durch grün und durchzogen von Wasserfällen.

In all diese Pracht. In all diesen Überfluss, in all diese Schönheit wird nun der Mensch gesetzt, damit er den Garten, die Schöpfung bebaue und behüte. Behüten wohlgemerkt, und nicht beherrschen.

Nachdem die Pflanzen und Flüsse fertig sind, kommen nun die Tiere dazu. Von der Hummel bis zum Löwen ist alles dabei. Der Text fasst sich da kurz: Es handelt sich einfach um alle Tiere. Auch das unterstreicht den Symbolcharakter der Erzählung. Der Mensch soll ihnen passende Namen geben. Die Benennung ist im biblischen Kontext auch ein Sinnbild der Fürsorge für die Tiere, von deren Verzehr hier nicht die Rede ist. Eden ist vegetarisch.

Jetzt sitzt Mensch im Paradies. Ein bisschen wie Robinson Crusoe. Die Umgebung ist wunderschön. Aber der Mensch ist einsam. Niemand Ebenbürtiges ist zugegen. Im wahrsten Sinne des Wortes ist Adam mutterseelenallein. Nicht im Sinne dieses schönen selbstgewählten Alleinseins, das jeder Mensch einmal braucht. Es ist vielmehr eine Einsamkeit, die der völligen Isolation gleicht. Da ist niemand, der ihn wirklich versteht. Niemand, mit dem er reden kann. Niemand, der ihn berührt. Es ist einfach keine andere Menschenseele da. Ein Gefühl, das durch Corona vielleicht für viele von uns das erste Mal so richtig spürbar wurde.

Einsamkeit, die wir spüren, wenn wir das Gefühl haben, dass uns niemand so richtig versteht. Dahinter steckt die Erkenntnis, dass wir als Menschen einander brauchen. Nicht jede jeden und sicherlich nicht immer. Und es geht nicht in erster Linie um Paarbeziehungen welcher Orientierung auch immer. Es geht auch nicht um ungesunde oder systemische Abhängigkeitsmuster. Es geht im Kern um jegliche Form der Nächstenliebe und Mit-Menschlichkeit, im wahrsten Sinne des Wortes. Gott, die Künstlerin, beschließt somit:

»Es ist nicht gut, dass der Mensch alleine ist. Ich will ihm eine Rettung schicken.« (Genesis 2,21) Das Wort, das die meisten deutsche Bibeln mit »Hilfe« oder »Gehilfin« übersetzten, wird dem althebräischen Urtext einfach nicht gerecht. Das hat auch nichts mit willkürlicher Auslegung, sondern mit einer genauen Sprachanalyse zu tun. Die korrekte Übersetzung des hebräischen Worts *ezer* lautet »Rettung«, nicht »Hilfe« im Sinne von »Gehilfin«. *Ezer* ist außerdem ein Wort, das sonst nur im Zusammenhang mit Gott benutzt wird. Es ist sozusagen ein göttliches Prädikat. Gott »ezert«. Gott rettet. Es ist wie eine Art Superheldinnenkraft. Es geht für Adam also um die Rettung aus der todbringenden Isolation durch ein Wesen, das ihm ebenbürtig gegenübersteht. Dem scheint die Erkenntnis zugrunde zu liegen, dass wir, egal welches Geschlecht oder welche Neigungen wir haben, ohne Liebe in ihren vielen Formen nicht leben können. *Ezer* bedeutet Lebensrettung.

Und nun lässt Gott den einsamen Adam, den einsamen Menschen, in einen Tiefschlaf fallen. In meiner Vorstellung summt Gott dabei in der Sekunde das Oasis-Gitarrenriff leise mit: *Because maybe …*

Und die ewige Gottheit entnimmt etwas aus der »Seite« des Menschen. Der schlafende Mensch bekommt von der göttlichen Operation nichts mit.

Der Begriff »Rippe«, die ihm entnommen wird, ist hierbei eine mögliche Übersetzung, dabei ist sie kein Zeichen der Hierarchie. Es ist ein weiteres Bild der Verbundenheit und Ebenbürtigkeit der Menschen im Paradies. Eine Art »Dann-Abgleich«, der sagt: Wir sind vom selben Schlag. Gleiches Blut fließt durch unsere Adern. Wir sind aus demselben Holz geschnitzt. Beziehungswiese aus denselben Elementen, aus derselben Erde geformt. Wir sind alle Kunstwerke der Familie Mensch.

»Und Gott formte die Frau.« (Genesis 2,22) – Wie immer, wenn es hoch und heilig zugeht, hüllt sich die Bibel in Stillschweigen über die Details. Die Genesis. Die Entstehung der Frau als finale Krone der Schöpfung. Und da ist die Rettung. Da ist das wundersame Wesen, ausgezeichnet mit dem göttlichen Prädikat »Retterin«! »Eva« wird sie einige Zeilen später genannt. *Hava* im Althebräischen, was so viel bedeutet wie »Leben«. »Lebendigkeit« oder »Mutter allen Lebens«. Eva! *You're gonna be the one that saves me.*

Ich stelle mir diese wunderschöne, sinnliche Szene vor: Eva, deren dunkles Haar leicht gewellt über ihrer braunen Schulter liegt, schreitet langsam durch den Garten, in dem es vermutlich keine Doppeltreppe gab. Bis sie Adam das erste Mal erblickt, auf ihn zugeht. Lächelt und in vollem Bewusstsein ihrer Kraft und Stärke geradeaus in die Augen schaut. Adam ist fertig mit der Welt.

Das mit der Souveränität ist auch bei ihm vorbei: Er ist vollkommen außer sich. Vielleicht wischt er sich auch eine Träne aus dem Auge und spricht nun das erste Mal mit seiner Partnerin: Endlich. Endlich ist da »Bein von meinem Bein und Fleisch von meinem Fleisch«. (Genesis 2, 23, LUT) Oder eben: *And after all you're my wonderwall.*

So steht sie da erhobenen Hauptes. Die erste Frau der Welt. Die Retterin. Hava, oder Eva, ist nämlich weiblich. Mit der Entstehung der Weiblichkeit wird der neutrale Mensch im Gegenüber auch männlich. Und Eva ist mindestens ebenbürtig und erhaben. Die Lebendige und Mutter allen Lebens. So stellen sich die Erzähler:innen der Bibel das Paradies vor: als einen symbolischen Ort der Freiheit, Gleichheit und Würde. Diese Symbolik kann nicht oft genug betont werden.

Aber ein Satz fehlt noch zur Krone der Schöpfung. Der letzte Satz der Paradieserzählung lautet: »Beide waren nackt und sie schämten sich nicht«. (Genesis 2,25) In der Mitte des Gartens Eden. Umgeben von der gesamten Fülle der Schönheit der Natur. Nacktheit in seiner Ganzheit sowohl psychisch als auch physisch ohne Scham gehört hier zum biblischen Ideal. Was für eine göttliche Vorstellung! Keine Scham für den eigenen Körper. Keine Scham für die Tiefen der Seele. Barfuß. Frei und glücklich.

In meiner damaligen Hochzeitsrede fasse ich mich bedeutend kürzer und wünsche dem Ehepaar, dass sie sich im Leben gegenseitig und auf Augenhöhe helfen und retten können, wenn es denn mal sein muss. Nach der Trauung setze ich mich allein etwas abseits des Trubels auf das Mäuerchen. Die Aufregung fällt langsam ab. Ich bin gespannt, was die amerikanische Gartenhochzeit noch zu bieten hat.

In der Hand halte ich ein Glas Rosé-Sekt und proste innerlich Eva, der ersten Frau der Welt, zu.

KAPITEL 2

SCHLAMPEN WIE WIR

»Willst du damit sagen, mit dem Thema geht man dann lieber zu der Schlampe?«

Der Satz von einem Kollegen trifft mich wie eine Ohrfeige. Ich zucke zusammen. Auf einmal sitze ich wieder kerzengrade auf dem unbequemen Stuhl. Ein Modell im Achtzigerjahre-Schick. Der Stuhlrahmen aus hellem Pinienholz und die Rückenlehne hat asymmetrische lila-grüne Polstermuster. So ein bisschen wie mein Winteranorak, den ich trug, als ich vielleicht vier Jahre alt war. Auf der blaugrauen Auslegware befinden sich vereinzelte Kaffeeflecken aus der Kategorie Filterkaffee mit Kaffeesahne von der Eigenmarke des örtlichen Supermarktes irgendwo in der Mitte Deutschlands. Neben der Tür steht eine große Regalwand gefüllt mit Bibeln, Bastelkram und einem Korb mit Kieselsteinen – letztere werden immer gerne für sogenannte »Loslass-Übungen« verwendet.

Rund dreißig quietschbunte Buchrücken aus der »Feiert Jesus«-Liederbuchserie reihen sich neben einem Plastikglobus auf. Davor steht eine Pappbox mit Taschentüchern zum Rausziehen. An der Wand gegenüber hängt ein gerahmtes Poster mit einer sonnenverblassten Schafsherde auf einer grünen Wiese, inklusive Regenbogen und Hirte mit Hut und Bart. In direkter Nachbarschaft hängt eine

Wanduhr, auf der weiß auf schwarz steht: »Ich habe Zeit für dich – Gott.«

Die Uhr ist kaputt. »Gott hat Humor und sie liebt uns«, denke ich mir jedes Mal im Stillen, wenn ich den Raum betrete. Darunter eine Flipchart mit grün-rot-blauem Notizgekrakel.

Auch darüber hinaus weist der Seminarraum, genauso wie der Rest des Selbstversorger-Tagungshauses, eher einen pragmatischen Charme auf. Die Immobilien gewordene Früchtetee- und Waffelgebäckmischung. Kein ästhetisches Feuerwerk. Dafür grundsolide. Modultischteile, die sich in Hufeisenform oder Kleingruppenformation stellen lassen, stehen gestapelt vor dem Fenster. Selbst der Blick nach draußen wirkt wenig tröstlich: Der Himmel bietet heute eine erstaunlich breite Palette an Grautönen. Nieselregen liegt wie ein Schleier über den Tannen und den kahlen Laubbäumen. Vorsichtig geschätzte Außentemperatur: zwei Grad über Null. Wenn man den Monat Februar screenshotten könnte, wäre es dieses Bild. Die konstante Dunkelheit des Tages wird durch das hartweiße Deckenlicht zwar heller, aber nicht unbedingt schöner. Lichtdesign made by H&M-Umkleidekabine.

Es ist der dritte Tag des Fortbildungsseminars. Auf dem Programm stehen die praktischen theologischen Disziplinen: Seelsorge und Predigt kombiniert mit Psychologie und Körperspracheübungen.

Am liebsten würde ich immer noch im Bett liegen und weiter irgendeine Serie schauen. Für so einen Tag hat der liebe Gott Videostreaming schließlich erfunden.

Anstatt mit Film und Kaffee im Bett begann der Tag allerdings eher förmlich: Morgenandacht mit der ganzen altersgemischten Fortbildungsgruppe. Achtzehn Personen zwischen 28 und 56 Jahren im Stuhlkreis. Fünf Frauen. Zehn Männer. Alle haben beruflich etwas mit Kirche zu tun. Die meisten sind Pastor:innen, aber auch Diakon:innen oder ehrenamtliche Mitarbeiter:innen sind dabei. Evangelisch. Katholisch. Freikirchlich. Zumindest die Konfessionen sind bunt gemischt.

Nach den ersten zwei Tagen Gruppendynamik kennen wir mittlerweile alle unsere Namen. Diverse Übungen zum Thema Selbst- und Fremdwahrnehmung wurden absolviert. Jeder malte einen »Lebensbaum«, mit dessen Hilfe man der Gruppe die eigene Biografie näher erläuterte. Es wurde »Danke für diesen guten Morgen« und mindestens ein Lied im Kanon gesungen. Bei Reissalat und Hirsetalern mit Joghurtsoße tauschte man sich über Mitgliederzahlen der einzelnen Kirchengemeinden und moderne Gottesdienstgestaltungsmöglichkeiten aus. Vereinzelnd werden sogar Hausschuhe getragen. Kirchliche Klischees auf einer Skala von 1 bis 10?! 12 von 10 möglichen Punkten.

Ich bin wirklich gerne Pastorin. Meist ohne Hausschuhe. Wobei auch ich sogar ein Paar Birkenstocks besitze. Allerdings das extravagante Modell: Pantolette »Madrid«. Morgens früh bete auch ich fast täglich mal mehr, mal weniger konkret im Halbschlaf vor mich hin. So eine Art Zwiesprache, halb im Traum und halb im Wachwerden. Manchmal sehr intensiv. Manchmal auch nur ein »Lass mich bitte irgendwie wach werden«. Es gibt auch Phasen, in denen ich einen Tag bewusster beginne. Wenn es richtig gut läuft, sogar mit einer Kerze und mit einem Buch. Oder zumindest Musik. Meistens besteht meine Morgenroutine aber trotz besseren Wissens aus dem obligatorischen Griff zum Handy. WhatsApp. Instagram. Gmail.

Aber egal, wie sich meine morgendliche Spiritualität auch privat gestalten mag, Morgenandachten auf Fortbildungen oder Konferenzen sind mein persönlicher Albtraum! Spiritualität auf Knopfdruck vor 9 Uhr?! Hölle. Heute Morgen ist es besonders schlimm, da ein leichter Rotweinkater vom Vorabend kontinuierlich gegen meine Schläfe pocht.

Für den Kater und mich heißt es jetzt: Willkommen zum allmorgendlichen Stuhlkreis inklusive »Gestalteter Mitte«: In der Mitte des Kreises aus 18 Personen mit durchaus motivierten Gesichtern wellen sich orangefarbene Organzatücher um eine moderne kleine Kreuzskulptur. Eine Art heller Holzklotz mit einem eingefassten Kreuz aus lila Plexiglas. Eine weiße Stumpfkerze wird feierlich entzündet. Mithilfe einer tibetischen Klangschale, die mittlerweile auch zahlreiche christliche Gruppen für sich entdeckt haben, werden wir sanft zur morgendlichen inneren Einkehr »gegongt«.

Sogenannte »gestaltete Mitten« gehören immer noch zu den – sagen wir – persönlichen inneren Herausforderungen meines Berufs als Pastorin. Der Kampf zwischen der abgeklärten Schülerin, der Letzten-Reihe-Mira, die bei dem Anblick von Tüll und Kerze jetzt schon alles total albern findet, und der superseriösen Pastorinnen-Mira, die gelernt hat, sich auf kreative Prozesse mit auch noch so viel Tüll und Kerzen einzulassen. Wenigstens kann ich die Augen zulassen. Ich lausche dem Psalm 23, den eine Kollegin vorliest. »Außerdem hat sich damit ja auch jemand Mühe gegeben«, denke ich mir und döse vor mich hin. Und zum Schluss finde ich es dann doch ganz schön, als ein mir bekanntes Lied aus Kindertagen angestimmt wird. Ich summe leise mit. Meine Kollegin betet zum Abschluss des Morgenrituals, und nach dem Amen wird die heilige Deko aus der Mitte geräumt und durch die Flipchart ersetzt.

Die Gruppe splittet sich in drei Teile. Ich gehöre zu den Leuten, die in dem Raum mit dem Schäfchenposter bleiben. Der offizielle Seminarteil beginnt. Heute Vormittag geht es um das Thema Seelsorgegespräche. Seelsorge umfasst einen großen Teil pastoraler Arbeit und kann sich auf ganz unterschiedliche Art und Weise ergeben. Die meisten Menschen, egal ob gläubig oder nicht, ob in der Kirche oder in der Kneipe, reagieren gesprächig auf Gottes Bodenpersonal. Die oftmals spontanen Gespräche betreffen alle Bereiche des Lebens und können sich überall ergeben. Mehr als einmal hat jemand in einer Bar vor mir angefangen bitterlich zu weinen. Über Seelsorge auf der Damentoilette könnte ich promovieren. Die Themen sind so bunt wie das Leben: Liebe und Leiden. Leiden an Liebe. Trauer. Unendliche Wut. Verzweiflung und Einsamkeit. Freude und Hoffnung. Tod. Eine schlimme Diagnose. Der Verlust der Oma. Aber auch eine frische Scheidung. Unendliche Freude oder auch Angst vor der bevorstehenden Hochzeit.

Pastorale Arbeitstage können emotional extrem herausfordernd sein. An einigen Tagen bewundert man morgens die winzigen Zehen eines Neugeborenen, während man am Nachmittag die Hand eines Menschen hält, der im Begriff ist zu sterben. Zu den herausforderndsten Momenten gehört beispielsweise auch die Seelsorge in Krankenhäusern.

Aber auch wir als Zuhörende brauchen ab und an jemanden, der zuhört, wir Ratgebenden jemanden, der uns berät. Kurzum: Menschen in solchen schwierigen und schönen Ausnahmesituationen zu begleiten ist ganz wundervoll und braucht trotzdem von Zeit zu Zeit Reflexion und kollegialen Austausch und psychologisch versierte Methodik. Um das eigene Handeln und Sprechen und Verarbeiten zu begleiten, zu spiegeln und sich gegenseitig zu unterstützen.

Dazu sitzen wir in unserem Stuhlkreis. Wir rücken für den nächsten Teil mit unseren lila-grün gepolsterten Stühlen noch näher zusammen. In der aufgeteilten Gruppe besteht der Kreis, in dem ich sitze, aus vier Pastoren und zwei Pastorinnen. Die Aufgabe lautet, in einer Art Rollenspiel typische Gesprächssituationen wiederzugeben und sie danach in der Gruppe miteinander zu analysieren. Der Sinn der Übung liegt dann beispielsweise darin zu beobachten, wie die Eigen- und Fremdwahrnehmung in Gesprächen sehr unterschiedlich sein kann. Es passiert nämlich häufig, dass Menschen vollkommen ungefiltert all ihre Trauer, Ärger oder Frustration über den Seelsorgenden ausschütten. Daher kann es schon mal passieren, dass ich mich nach einem Seelsorgegespräch hundeelend fühle. Beispielsweise wenn eine Person ihren ganzen Frust bei mir ablädt, ich aber außer zuhören nicht wirklich helfen kann. Auch wenn ich theoretisch weiß, dass das Zuhören schon eine große Wirkung haben kann, passiert es gelegentlich, dass das Gefühl des Frustes oder der Trauer sich auf mich überträgt und mich noch eine Weile belastet, während meine Gesprächspartner:innen längst wieder zu Hause sind. Ich erfahre zwar nicht nach jedem Gespräch, wie sich mein Gegenüber fühlt, aber oft bekomme ich mit, dass bei meinen Gesprächspartner:innen dann trotz der Trauer auch ein Gefühl der Erleichterung entstanden ist. Durch die Übungen in dem Seminar lernen wir, besser mit diesen Phänomenen umzugehen und sie richtig einzuordnen. Wir üben also »professionelles Fühlen«.

Einer meiner Kollegen kommt als Erstes an die Reihe. Der Kollege Anfang vierzig ist Pastor in einer Kleinstadt. Er berichtet von einem dementen älteren Herrn, der vor kurzem seine Ehefrau verloren hat, und sehr unter diesem Verlust leidet. Neulich hat er ihm einen persönlichen Brief gezeigt, den er an seine verstorbene Frau geschrieben hat, und dabei sehr geweint. Obwohl mein Kollege schon lange im Beruf ist, fühlte er sich in der Situation überfordert. In der Gruppe analysieren wir anschließend den Gesprächsverlauf und die damit verbundenen Gefühle.

Nach einer kurzen Pause mit hellbraunem Kaffeesahne-Kaffee und einem Glas Leitungswasser bin ich an der Reihe und erzähle:

Es gibt da ein Gespräch, das schon eine Weile zurück liegt, mich aber immer noch beschäftigt:

Ein junges christliches Paar aus Deutschland hatte mich vor einigen Monaten um ein Telefongespräch gebeten. Den jungen Mann Anfang zwanzig kannte ich flüchtig von einem Jugendgottesdienst, bei dem ich vor Jahren einmal gepredigt hatte. Seine neunzehnjährige Freundin kannte ich zu diesem Zeitpunkt noch nicht. Sie waren erst seit kurzem zusammen. Für beide war es die erste Beziehung. Beide waren in einem konservativ christlichen Umfeld aufgewachsen. Sex vor der Ehe war ein absolutes Tabu. Und eben dieses hatten die beiden verliebten jungen Menschen nun gebrochen.

Die oft gut gemeinte Vorstellung hinter solchen Moralmaßstäben ist die, dass Sexualität etwas Besonderes ist, aber, oder gerade deswegen, eines geschützten, verantwortlichen Rahmens bedarf. Soweit. So gut. Für viele Christ:innen ist dieser Rahmen aber ausschließlich in der Ehe gegeben. Die ideale Vorstellung dahinter ist ein bisschen eine Mischung aus Bibel und Disneyfilm. Mann und Frau lernen sich kennen und lieben. Sie heiraten, erforschen gemeinsam ihre Sexualität und leben glücklich und erfüllt bis an ihr Lebensende. Teilweise gelten schon sexuelle Fantasien oder Masturbation als »Sünde«. Die Realität ist dann die, dass die meisten jungen Menschen aus frommen christlichen Kreisen mit Scham und der Angst, »unkeusch« zu werden, aufwachsen. Diese Angst verkehrt sich allerdings oft ins Gegenteil: Sexualität beziehungsweise der Versuch, enthaltsam bis zur Ehe zu bleiben, wird zu einer sexuellen Obsession. Alles dreht sich nur noch um die eine Sache. Selbst wenn die jungen Christ:innen es schaffen, bis zur Ehe auf penetrativen Sex zu verzichten, bleibt eine starke Assoziation von Sex mit Scham, die sich nicht einfach in der Hochzeitsnacht überwinden lässt.

Das junge Paar hatte in meine Augen nun aber keinen Tabubruch begangen. Sie haben einfach getan, was verliebte Paare eben tun: Sie hatten Sex. Womit sie nicht gerechnet haben, war nun aber eine ungeplante Schwangerschaft. Sie war mitten im Abitur. Er hatte gerade angefangen zu studieren. Dazu kamen die frommen Elternhäuser. Die natürlich nichts von der Situation wussten und für die sowohl ein unehelich gezeugtes Kind als auch ein Schwangerschaftsabbruch eine Tragödie dargestellt hätten.

Das Telefongespräch mit dem verzweifelten Paar dauerte lange. Beide wussten selbst noch nicht, was sie wollten, und wägten das Für und Wider aller Möglichkeiten ab. Mir war es dabei wichtig, weder einen Ratschlag in die eine noch in die andere Richtung zu erteilen, sondern erstmal einen Raum zu schaffen, in dem jedes Gefühl, jede Angst Platz hat. Bei dem Telefonat wurde keine Entscheidung getroffen.

Froh, mich endlich mit Kolleg:innen über so eine schwere Situation austauschen zu können, schließe ich meinen Gesprächsbericht ab. Die Gesichter der pastoralen Stuhlkreisrunde sagen alles: Meine Kollegin und meine Kollegen sind sichtlich betreten.

Ein Kollege im Karohemd verschränkt sogar die Arme und kann mich kaum ansehen. Auch meine Kollegin wirkt verunsichert, wenn auch empathisch. Der Kollege, der direkt neben mir sitzt, ist hingegen sichtlich sauer. Klarer Gefühlsfall von Ärger. Er ist offensichtlich empört darüber, dass ich einen Schwangerschaftsabbruch überhaupt in Erwägung ziehen könnte und diese Option nicht von vornherein kategorisch ausgeschlossen und dem jungen Paar dringend davon abgeraten habe.

Ein dumpfes Gefühl von Abwehr und Scham erfüllt den Raum. Was wiederum mich verunsichert. Denn ich bin wohl fälschlicherweise davon ausgegangen, dass meine größtenteils weitaus erfahreneren Kolleg:innen ebenfalls mal vor dieser schwierigen Situation gestanden haben.

Obwohl die Uhr an der Wand immer noch kaputt ist, bekomme ich mit jeder Minute mehr den Eindruck, dass sich die Scham der Gruppe rund um dieses sexuelle Thema stark auf mich überträgt. Es fühlt sich für mich an, als ob ich mich dafür schuldig fühlen müsste, ein so unbequemes Thema überhaupt angeschnitten zu haben. Hätte ich nicht auch einfach was von einer kranken Oma oder einem frisch verlassenen Frührentner beisteuern können?

In meiner Verunsicherung ziehe ich mich automatisch etwas in den hässlichen Stuhl zurück und ringe nach den richtigen Worten, um meine Wahrnehmung zu artikulieren: »Ich fühle Scham im Raum.«

Mein Kollege gegenüber mit dem schwarzen Rollkragenpulli und der Hornbrille beugt sich etwas vor und fragt mich mit betont professioneller Stimme, ob ich das noch etwas spezifischer ausdrücken könne. »Ich hab das Gefühl, dass sich ein Gefühl der Scham beziehungsweise eine Beschämung gerade auf mich als Person überträgt«, konstatiere ich, auch ein wenig froh, den professionellen Seelsorge-Slang nun langsam zu beherrschen und die Gruppendynamik psychologisch durchschaut zu haben. Schließlich ging es bei der Übung darum, im Rahmen der Selbst- und Fremdwahrnehmung die Grundgefühle Freude, Ärger, Trauer, Angst oder eben Scham wahrzunehmen.

Mein Kollege mit der Hornbrille schaut fragend an die Decke und legt dabei den Kopf zur Seite. Und gestikuliert etwas mit der

Hand in der Luft. Er wirkt, als suche er nach den richtigen Worten, um die Situation zu begreifen. Ich bin gespannt, was nun kommt. Zumal ich nicht das Gefühl habe, mich zu schämen. Aber Scham zu spüren. Was ein großer Unterschied ist. Es ist, als sitze die Scham jetzt wie ein rosa Elefant mitten im Raum, da, wo sich eben noch die gestaltete Mitte befand.

Mein Kollege scheint seine Worte gefunden zu haben und greift sich an den Rollkragen: »Willst du damit sagen, mit dem Thema geht man dann lieber zu der Schlampe?« Für Ihn scheint der Fall klar auf der Hand zu liegen: Ein christliches Paar, das unverheiratet Sex hat, kann in seiner Vorstellung anscheinend nur bei einer promiskuitiven Seelsorgerin um Rat bitten. In seiner Moral-, oder nennen wir es *moralistischen* Vorstellung muss es da wohl eine Art Kausalzusammenhang geben. Nach dem Motto: Gleich und Gleich gesellt sich gern.

Mit vielem habe ich gerechnet, aber nicht damit. Ich sitze kerzengerade und bin jetzt auch hellwach. Wenigstens etwas Positives. Aber ich brauche dennoch einen Moment, um überhaupt den Zusammenhang herzustellen. Wurde ich gerade als Pastorin in einem Seminar von einem Kollegen ernsthaft indirekt geslutshamet, aufgrund der Tatsache, dass ich von einem jungen Pärchen für eine Seelsorge aufgesucht wurde? Ich schaue kurz ungläubig auf das Schäfchenposter mit dem bärtigen Hirten. Oh Jesus.

»Das wollte ich sicherlich nicht sagen. Nicht im geringsten Ansatz«, entgegne ich entschlossen.

»Schlampe« – ein Wort, das meines Erachtens aus unserem Vokabular gestrichen werden sollte. Das in diesem Moment aber noch seine volle Wucht entfaltet und mich in den Verdacht bringt, promiskuitiv zu sein. »Wow! Das ist irgendwie *next level*«, denke ich, immer noch auf diesem hässlichen Stuhl sitzend, fassungslos. Ein beruhigender Ton aus der Klangschale wäre jetzt vielleicht angebracht. Wobei die Wut, die ich spüre, eigentlich sehr guttut. Derweil betont mein Kollege mehrfach, dass das natürlich keineswegs persönlich gemeint war. Dass es sich dabei nur um eine Zuspitzung handelt, mit der er »mein« Schamgefühl hinterfragen wollte.

Zumindest das diffuse Schamgefühl im Raum ist jetzt weniger diffus. Ich verstehe jetzt: Die Scham ist klar ausgerichtet worden. Als ob man mir die Scham feierlich bzw. unfeierlich umhängen wollte. Oder dem riesigen rosa Scham-Elefanten im Raum gesagt hätte: »Setz dich bitte auf Miras Schoß.« Ich schäme mich nur leider überhaupt nicht. Auf meinem Schoß ist gar kein Platz für diesen fetten Elefanten.

Dazu kommt auch noch die Verschiebung der Perspektive: »Willst du damit sagen, dass …«, mit der Intention, dass ich das über mich selbst gedacht haben sollte.

»Willst du damit sagen …«, setzt mein Kollege erneut an. »Also ich meine das natürlich nicht so. Aber du selbst fühlst ja Scham. Also kann diese ja nur deine eigene Verfehlung sein.«

»Nein! Das wollte ich sicherlich nicht sagen. Nicht mal im geringsten Ansatz«, entgegne ich entschlossen.

Gleichzeitig schießt mir durch den Kopf, dass die von meinem Kollegen geäußerte verbale Entgleisung vermutlich viel mehr mit ihm als mit mir zu tun hat. Und trotz dieser Reflektion verspüre ich eine Art heiligen Zorn über diese globale patriarchale systematische Ungerechtigkeit, die es bis in diesen Stuhlkreis geschafft hat, der doch eigentlich ein Safe Space, ein geschützter Raum sein sollte. Slutshaming und Schameinreden. Nicht in irgendeiner zufälligen Kneipensituation. Nicht in einem Seelsorge-Setting. Nein, das passiert in einem eigentlich professionellen Rahmen und von einem Kollegen, der es eigentlich besser wissen sollte. Kein Rüpel auf der Straße, der mir was hinterherbrüllt. Ein Pastor. Gleichzeitig bin ich auch Pastorin und leide gelegentlich an der Überstilisierung unseres Berufes. Wir sind auch nur Menschen mit Fehlern und blinden Flecken. Auch ich habe sicherlich mitunter sexistische oder diskriminierende Gedankengänge. Was fühle ich in diesem Moment auf dem Stuhl sitzend?

Ich würde sagen: Wut, ja. Die ist definitiv vorhanden. Aber Scham?! Nein! Kein bisschen!

Das Phänomen des Beschämtwerdens scheint so alt zu sein wie die Menschheit selbst. Oder zumindest befinde ich mich hierbei in bester biblischer Gesellschaft.

Das macht es natürlich kein bisschen besser. Dennoch beruhigt mich der Gedanke gerade etwas. Besonders wenn es solche elementaren Erfahrungen sind, die mich an vielem zweifeln lassen. Natürlich ist auch die Bibel selbst patriarchal geprägt. Das Christentum in seiner über 2000-jährigen Geschichte sowieso. Bis in den Stuhlkreis. Bis in die gestaltete Mitte hinein. Für mich sind daher die Fragen nach dem Ursprung, der Ur-Idee, dem Grundprinzip wichtig. Sowohl im Christentum als auch im Feminismus *by the way*. Oder um es sinngemäß mit meinem christlichen Mitbruder, dem Philosophen Søren Kierkegaard zu sagen: »Das Leben wird vorwärts gelebt und rückwärts verstanden.«

***

Was sind die ursprünglich guten Gedanken des Christentums? Die Ziele und Ideale dieser Bewegung? Was ist der wahre Kern? Zum Kern des Christentums gehört Jesus von Nazareth. In ihm glauben wir Christ:innen, dass Gott in einer ganz besonderen Weise den Menschen nahegekommen ist. Jesus als die Inkarnation Gottes persönlich.

Wir glauben auch, jetzt wird es ein bisschen verrückt, dass er von den Toten auferweckt wurde und damit eine Art neue Wirklichkeit entstanden ist, in der alle Menschen ewiges Leben finden können. Mein eigener Kopf platzt gelegentlich auch bei einer solchen Vorstellung. Aber auch wenn man das nicht glauben kann oder will, ist es interessant sich anzuschauen, was über die historisch belegbare Person Jesus von Nazareth berichtet wird.

Welche Aussagen hat Jesus getroffen? Wofür stand er und wofür hat er sich eingesetzt? Was erzählen die biblischen Texte über die Begegnungen von Frauen mit Jesus, dem Wanderprediger aus Nazareth?

Welche Gespräche haben Frauen mit ihm geführt? Dass sich unverheiratete Männer und Frauen überhaupt miteinander unterhalten, ist in der Antike alles andere als eine Selbstverständlichkeit. Hat Jesus dabei Frauen gleichberechtigt behandelt oder war Jesus gar sexistisch? Hat sich Jesus auch gedacht: »Mit dem Thema geh ich lieber zu der Schlampe«, als er Maria Magdalena begegnet ist?

Laut dem Evangelium nach Johannes war Maria der erste Mensch, dem Jesus nach seiner Auferstehung erschienen ist. Die Auferstehung von den Toten ist das Thema, mit dem Jesus als erstes zu Maria Magdalena geht. Für das Christentum ist die Auferstehung Jesu von den Toten das wichtigste Ereignis und Mittelpunkt ihres Glaubens. Ostern! Mit diesem unglaublichen Ereignis verbinden Christ:innen die Hoffnung auf ein Leben nach dem Tod. Das ist wortwörtlich »Die gute Nachricht«, was »Evangelium« übersetzt heißt. Die Botschaft von Gottes Liebe, die so stark ist, dass sie den Tod überwindet. Die Menschen, denen Jesus laut der Bibel als Auferstandener begegnet und die damit beauftragt werden, diese Hoffnungsnachricht an die Menschen weiterzugeben, werden »Apostel« genannt, was so viel wie »Gesandte« bedeutet. Gesandte des Glaubens und der Hoffnung.

Landläufig verbindet man mit dem Begriff »Apostel« meist die zwölf Jünger, also die Gruppe von Männern, die den historischen Jesus auch zu Lebzeiten begleitet hat und die seine Schüler waren. Das ist aber etwas zu kurz gegriffen. So wird beispielsweise auch der Apostel Paulus, dem wir die Redewendung »vom Saulus zum Paulus« zu verdanken haben, als Apostel bezeichnet, obwohl er eben nicht zu den ursprünglichen zwölf Jüngern gehörte. Unabhängig davon, ob man daran glaubt, ist auf der religiösen Symbolebene wichtig zu wissen, dass das Apostelsein das höchste Amt war, das es innerhalb des frühen Christentums gab. Noch heute sehen sich beispielsweise Päpste in der historischen Kontinuität des Apostolats.

Und dann ist da diese weibliche Figur, die so gar nicht in diese Gruppe von Männern zu passen scheint: Maria Magdalena. Allein ihr Name ist bis heute Synonym für erotische Fantasien. Gemeinhin hat sich das Bild einer ehemaligen Prostituierten durchgesetzt, die reumütig in der Begegnung mit Jesus wieder auf den rechten Pfad kommt. Ich glaube, man kann ohne Zweifel sagen, dass neben Maria, der Mutter Jesu, Maria Magdalena sicherlich die biblische Frauengestalt ist, die am stärksten in die Kunst- und Literaturgeschichte hineingewirkt hat. Ihre Darstellung variiert dabei von der verführerischen Femme Fatale bis zur reumütigen Sünderin. In Dan Browns Thriller »The Da Vinci Code« (2003) wird sie immerhin zu Jesu Ehefrau »upgegradet«. Weder die Prostituierte noch die Ehefrau lassen sich aus der Bibel herauslesen.

Nur um das klarzustellen: Ich hätte überhaupt kein Problem damit, wenn Maria von Magdala eine Sexarbeiterin gewesen wäre. Fakt ist nur, dass es jeder Grundlage in den historischen Quellen entbehrt. Genauso wenig gibt es stichhaltige Hinweise darauf, dass Maria die Ehefrau Jesu war.

Dass Jesus nicht verheiratet war, ist für die damalige Zeit und auch für seine religiöse Stellung komplett unverständlich. Jesus, der auch als jüdischer Rabbiner angesprochen wurde, hatte im Vergleich zum heutigen katholischen Priester verheiratet zu sein. Dass er nicht verheiratet war, ist aus damaliger Sicht nahezu skandalös. Aber in einer Welt, in der Frauen als Besitz des Ehemannes galten, begrüße ich diese Haltung enorm. Genauso schätze ich, dass Maria eben nicht über ihre Beziehung zu einem Mann definiert wird, sondern nach ihrer Heilung als eigener Mensch vollkommen frei und ungebunden beschrieben wird.

Denn wir wissen, dass Maria aller Wahrscheinlichkeit nach unter einer psychischen Erkrankung litt. Zu biblischen Zeiten verbanden die Menschen Erkrankungen häufig mit ihren religiösen Vorstellungen. Krankheitsbilder wie Depressionen oder Epilepsie wurden als Zeichen böser Mächte oder Dämonen gedeutet. So berichtet das Lukasevangelium, dass Jesus Maria von sieben bösen Geistern geheilt hat. (Lukas 8,2) Ob es sich dabei um eine Depression gehandelt hat, oder ob Maria vielleicht von ihrem Umfeld als besessen angesehen wurde, weil sie einfach eigenwillig oder unangepasst war, bleibt offen. Fest steht, dass Maria Jesus nach der heilsamen Begegnung nachfolgt.

Neben den zwölf Jüngern folgten Jesus ohnehin immer viele Menschen zeit- und streckenweise. Darunter auch viele Frauen. Ein Skandal in der damaligen Zeit. Maria von Magdala übernahm in dieser Frauengruppe die Führung. Eine Art Leitungsposition innerhalb der Jesus-Bewegung, könnte man sagen.

Frei und unabhängig. So lassen sich zumindest die biblischen Aussagen über sie interpretieren. Aber wie kam es zu der Entwicklung, dass aus der unabhängigen Frau in Führungsposition eine Prostituierte wurde? Die Entwicklung zog sich über einige Jahrhunderte hin. Gelehrte und Kirchenführer befassten sich mit den biblischen Texten, nahmen es aber mit den Frauen nicht so genau. Man las die Erzählung, in der Jesus Maria von den sieben Geistern befreite und die recht nah an einer anderen Erzählung steht, in der Jesus in der Tat einer Prostituierten begegnet. (Lukas 7, 36–50) Einige Ausleger verknüpften zudem die Erzählung über eine Ehebrecherin, die Jesus vor der Steinigung rettete, mit Maria von Magdala.

Mit etwas Fantasie assoziierte man dann noch ihre Heilungsgeschichte von den sieben Geistern mit der Vorstellung sexueller Sündhaftigkeit. Mischte alles mit etwas verführerischer Verruchtheit, und fertig war sie: die große Sünderin. Auf Latein die *magna peccatrix*, wie sie frühe Kirchenväter nannten. Was sich wie ein Zauberspruch bei Harry Potter anhört, ist bis heute Teil der kirchlichen Stigmatisierung weiblicher Sexualität geblieben. Kirchliches Slutshaming hat Tradition.

Im Jahre 591 setzte Papst Gregor I. in einer Predigt Maria von Magdala mit der anonymen Prostituierten gleich und etablierte so endgültig das Bild der ehemaligen Prostituierten und reumütigen Sünderin. Dabei stellte er Maria von Magdala zwar als Vorbild der Umkehr dar, betonte aber eben auch die Schamhaftigkeit. Damit war die Bahn frei für die Erotisierung einer Frau, über die wir eigentlich nur wissen, dass sie mutig, ungebunden, widerstandsfähig und loyal war.

Und dass sie noch etwas war: Apostelin. Die erste.

Die Berufungsgeschichte Marias zur ersten Apostelin ist dabei für mich eine der schönsten Begegnungen und Berufungserzählungen mit Jesus überhaupt. Sie ereignet sich am Ende – am Höhepunkt des Evangeliums. Die Szenerie spielt in Jerusalem. Vermutlich im Jahre 31 nach Christus:

Jerusalem steht wie ganz Israel unter römischer Besatzung. Die Stimmung in Jerusalem ist geladen. Teile der religiösen und politischen Elite der israelitischen Gesellschaft haben sich mit den Besatzern arrangiert. Der Großteil der Bevölkerung leidet aber enorm unter der hohen Besteuerung. Es trifft die kleinen Leute am härtesten. Die römischen Besatzer haben grundsätzlich eine gar nicht mal so niedrige Toleranzschwelle bezüglich anderer Religionen innerhalb des Imperiums. Dennoch wollen viele Teile der Bevölkerung vollkommene politische und religiöse Freiheit. Es kommt immer wieder zu Aufständen und Unruhen. Diese werden mit brutaler Gewalt bekämpft.

An Aufrührern werden Exempel statuiert. Sie gelten als Staatsfeinde und werden gekreuzigt. Die öffentliche Hinrichtungsform ist schmerzhaft, brutal, dauert lange und dient der Abschreckung. Zahlreiche Männer und Frauen sterben in diesen Zeiten am Kreuz. Damals die schändlichste, skandalöseste Art zu sterben. (Sie hatte nicht viel mit dem Plexiglas-Kreuz aus der gestalteten Mitte zu tun.)

Es ist die Zeit des Passahfestes. Eines der wichtigsten religiösen Feste des Judentums bis heute. Jerusalem platzt aus allen Nähten in diesem Zeitraum, überall sind Menschen. Es ist laut und bunt. Und die Atmosphäre liegt irgendwo zwischen ausgelassener Feststimmung und Freude, aber auch Hysterie und der grausamen Dynamik einer Menschenmasse, die sich an der Folterung und Hinrichtung einzelner ergötzt. Eben zwischen »Hosianna« und »Kreuzigt ihn«.

Jesus und seine Gefolgschaft nehmen an dem Fest teil und suchen auch den Tempel auf. Als Jesus die zahlreichen Händler mit Opfertieren vor dem Tempel sieht, flippt er aus, wirft Tische um und prangert lautstark den Kommerz an. Dadurch löst er einen Tumult aus, der zu seiner Verhaftung als Aufrührer führen wird. Verurteilt wird er aber wegen Blasphemie.

Ich versuche mir die Gesamtsituation rund um Maria von Magdala und Jesus vorzustellen. Was ist nicht alles in diesem kurzen Zeitraum passiert: Erstmal, überhaupt in Jerusalem zum Passahfest zu sein, mit der ganzen Gruppe von Jüngern und Jüngerinnen all die Eindrücke einer großen, lauten Stadt im Ausnahmezustand. Dann das ganze Geschehen um Jesus, zu dem Maria eine besondere Beziehung hat. Sie ist enge Vertraute. Gleichzeitig sieht sie ihn auch als ihren spirituellen Führer, ihren Rabbiner an. Jetzt wurde ihr Freund Jesus festgenommen. Das Geschehen ist grausam. Die Verhandlung vor dem römischen Statthalter Pilatus, der seine Hände in Unschuld wäscht und dennoch das Todesurteil verkündigt. Gefolgt von Folter und Demütigung. Maria muss zusehen, wie Jesus das Kreuz selbst zu seinem Hinrichtungsort trägt. Er wird verspottet und entkleidet. Schließlich das Kreuzigen selbst. Ein Heldentod sieht anders aus.

Laut dem Johannesevangelium stand Maria von Magdala direkt unter dem Kreuz. Oft hört man den Satz, dass Jesus in der Stunde seines Todes von all seinen Freunden verlassen war. Und das stimmt wohl auch, aber eben nicht von seinen Freundinnen. Dann ist Jesus, ihr Freund und Vertrauter, tot. Zur Kontrolle wird ihm von den römischen Soldaten eine Lanze in die Seite gestochen.

Dann kommt der erste Tag der Woche, noch ist es dunkel und noch ist es still. Totenstill. Maria von Magdala macht sich vollkommen allein im Dunkeln auf zum Grab Jesu, dem gekreuzigten Staatsfeind. Ich stelle mir vor, wie sie an diesem Morgen aufwacht und immer noch nicht glauben kann, was passiert ist. Allein geht sie im Dunkeln auf den Friedhof. Sie will dem Leichnam die letzte Ehre erweisen und den toten, geschundenen Körper mit teuren Ölen salben. Offen um einen Gekreuzigten zu trauern ist schon verboten. Einen Gekreuzigten salben zu wollen, ist im wahrsten Sinne des Wortes todesmutig.

Neben dem Statement ihrer Loyalität zu einem gekreuzigten Staatsfeind, das sie damit abgibt, reicht ein Alleingang im Dunkeln über einen Friedhof schon aus, um sich zu fürchten. Das Grab ist offen.

Ich stelle mir vor, ich besuche im Dunkeln ein Grab, das plötzlich unerwartet offen wäre. Da würde ich auch fortlaufen. Sie läuft zu Petrus. Die zwölf Jünger haben sich aus Angst, dasselbe Schicksal wie ihr Anführer zu erleiden, versteckt. Anscheinend weiß Maria, wo sie sich verbergen. Petrus begleitet sie.

Die Jünger sorgen sich, dass der Leichnam heimlich entfernt wird. Vielleicht von Menschen, die einen weiteren Personenkult um den Toten vermeiden wollen. Die Jünger gehen also nicht von der Auferstehung Jesu aus, sondern vom Diebstahl des Leichnams. Eine für sie absolut furchtbare Vorstellung. Ironischerweise stehen die Nachfolger:innen Jesu später selbst unter Verdacht, durch die Wegnahme des Leichnams Auferstehung vorgetäuscht zu haben.

Marias Herz bricht nach der Kreuzigung erneut. Weil sie Jesus nicht finden kann. Petrus eilt mit ihr zurück zum Friedhof und sieht ebenfalls das leere Grab. Auch er kann sich nicht erklären, was hier passiert ist. Er wundert sich und geht dann zurück nach Hause und lässt Maria scheinbar alleine zurück.

Und Maria? Was macht Maria, die wieder alleine ist, auf dem Friedhof steht, auf dem es langsam dämmert? Sie weint einfach nur. Manchmal kann man über die Ungerechtigkeit dieser Welt nur heulen. Dann will sie nochmal ganz sicher gehen. Maria schaut in das Grab hinein, sie sucht weiter. Sie bleibt widerständig. Sie gibt nicht auf.

All ihre Trauer hängt sich an dem Verlust des Leichnams auf, als ob der Leichnam etwas wäre, das man noch halten kann. Deshalb sucht sie immer weiter.

Und jetzt begegnet ihr Jesus. Er kommt vollkommen unerwartet auf sie zu. Erstaunlicherweise erkennt sie ihn zuerst nicht. Sie hält ihn für den Gärtner und fragt ihn, ob er wisse, wo der Leichnam des Gekreuzigten sei. Ich stelle mir vor, wie sie weiter weint, während sie redet, ihr Gesicht in ihren Händen verbirgt und sich dann wegdreht ... Sie sieht nichts mehr vor lauter Schmerz. Aber Jesus sieht sie. Und dann folgt das erste Wort, der erste Satz Jesu Christi: »Frau, warum weinst du?« Das erste Wort vom auferstandenen Jesus ist: Frau. Frau, warum weinst du?

***

Auch 2000 Jahre später halte ich die Frage »Warum weinst du?« für berechtigt. Wenn sie wirklich ernst gemeint ist. Kein blödes »Warum heulst du denn?«. Sondern wirklich als Frage dienend, um Raum für Trauer und Wut, aber auch für Veränderung zu öffnen. Wie wäre wohl eine Kirche, die immer zuerst fragen würde: »Mensch/Frau, warum weinst du?« Was belastet dich? Worunter leidest du? Welche Ungerechtigkeit hältst du nicht mehr aus? Eine Kirche, die fragt »Wie kann ich helfen?«, anstatt einer Kirche, die Frauen in Heilige und Huren unterteilt.

»Maria!« Als Jesus sie beim Namen nennt, sie in ihrer ganzen Identität und Persönlichkeit anspricht, erkennt sie ihn auch: »Rabbuni!« Meister. Vielleicht lag in diesem einen Wort die Erleichterung der ganzen Welt. Dass es immer noch eine Hoffnung gibt. Dass das Unmögliche möglich ist.

Und Jesus beauftragt Maria, diese Hoffnung weiter zu tragen: »Geh zu meinen Brüdern und bringe ihnen die frohe Botschaft.« – Und Maria geht und verkündigt!

Maria von Magdala wird in der Begegnung mit Jesus dem Auferstandenen von der weinenden Suchenden zur fröhlichen Verkündigenden: Sie tritt vor die zurückgebliebene, verängstigte und versteckte Gruppe Männer: »Ich habe den Auferstandenen gesehen, und das hat er mir gesagt!« Hier endet die Szene. Der letzte Satz ist literarisch betrachtet wie eine Formel zu verstehen, die die Apostel qualifiziert, Maria von Magdala wird zur ersten Apostelin. Zur Apostelin der Apostel.

Einige Wochen nach der Fortbildung scrolle ich durch meinen Instagram-Feed. Und bleibe bei einem Foto von Britney Spears auf FAZ-Online hängen. Star-Geschichten in seriösen Medien beruhigen mein Gewissen. Britney ist im Profil zusehen, winkt einer anderen Kamera zu, sie lächelt, als würde sie gerade »Hey« sagen. Ich lese die Bildunterschrift, in der sich die Journalistin Celina Plag über Sexismus in den Neunzigern äußert: »Dass Personen wie Lewinsky, Spears oder Hilton, die eben als Flittchen galten, bei ihrer medialen Hetzjagd kaum in Schutz genommen wurden, auch nicht von anderen Frauen, liegt auch darin begründet: Wer einem Flittchen zur Hilfe kommt, macht sich schließlich verdächtig, selbst eines zu sein.«[1]

Ich mache einen Screenshot und denke: Genau das war es. Das war das Gefühl, das in dem Stuhlkreis von mir erwartet wurde, es zu haben: Scham, weil ich einem sogenannten »Flittchen« zur Hilfe gekommen bin und mich dadurch verdächtig gemacht habe, selbst eines zu sein.

Schamübertragung. Für vermeintlich provokante Kleidung. Selbstbestimmte Sexualität. Aber auch gewaltsam genommene oder verweigerte Sexualität. Neben der Beschämung dienen solche Mechanismen aber auch dazu, Solidarität unter Frauen zu unterbinden: Du bist nicht so wie die anderen. *Du* bist ein gutes Mädchen, *die* nicht.

Ich würde lügen, hätte ich mich nicht auch schon bei solchen Pseudo-Komplimenten wirklich wunderbar erhaben gefühlt. Bis ich verstand, dass es nicht mich auf-, sondern alle Frauen, inklusive mich, abwertet. Wie alles andere im Leben auch, ist auch Feminismus ein persönlicher Prozess.

Einen anderen Prozess durchläuft Britney. Britney ist verschwunden. Sie wurde unsichtbar gemacht. Die Dokumentation der *New York Times* »Framing Britney Spears« (2021) beleuchtet die *#freebritney*-Bewegung und zugleich das Leben von Spears. Seit 2008 steht sie unfreiwillig unter der Vormundschaft ihres Vaters. Überzeichnet könnte man sagen, sie steht wortwörtlich unter dem Patriachat. Was übersetzt ja so viel wie »Väterherrschaft« heißt. Ihres eigenen Vaters.

Britney verfügt seitdem weder über ihren Reisepass noch über eine Kreditkarte. Ihr Leben und ihr Multimillionendollar-Vermögen verwaltet ihr Vater. Zusätzlich stehen Vorwürfe im Raum, dass sie gegen ihren Willen Psychopharmaka einnehmen musste. Auch über ihre Verhütung bzw. ihren Kinderwunsch darf Britney nicht selbst entscheiden. Trotz Entmündigung war Britney in den Augen ihres Vaters anscheinend arbeitsfähig genug, um unter anderem mehrere Alben, eine komplette Show in Las Vegas, eine Reality Show und diverse Werbedrehs zu bewerkstelligen. Ihr Comeback ein totaler Erfolg.

»Mein wertvoller Körper hat in den vergangenen dreizehn Jahren für meinen Vater gearbeitet«, wird sie später bei der ersten Anhörung vor Gericht im Jahr 2021 sagen. – Ihr erster Teilerfolg. Sie darf einen eigenen Anwalt bestellen.

Die Dokumentation »Framing Britney Spears« zeichnet nochmal die Stationen ihres gerade mal 41-jährigen Lebens nach: Das blond gelockte Mädchen, aufgewachsen in einer amerikanischen Kleinstadt. Eine fromme Mutter, ein eher abwesender, aber nicht minder kontrollierender Vater. Vom Mund abgesparte Gesangsstunden. Mit harter Arbeit und Talent singt und tanzt sie sich in den Disneyclub. Vom Disneyclub zurück zur Schule. Von der Schule auf die Bühnen der Shoppingmalls, und mit *Baby one more time* vom Einkaufszentrum an die Spitze der Welt. 1999 produziert die frisch gekürte *Princess of Pop* eines der meistverkauften Alben. Womit die 18-jährige zu einer der bestbezahltesten Sängerinnen überhaupt avanciert.

1999 ist Justin Timberlake, selbst erfolgreicher Boygroup-Sänger mit neu durchgestarteter Solokarriere, mit ihr, einer der erfolgreichsten Frauen der Welt, liiert. Britney Spears und Justin Timberlake – Amerika hat ein neues Traumpaar, das ihnen schon aus den Disneyclubkindertagen bekannt ist. Ein furchtbar kitschig-schöner Traum in Blue Jeans und Partnerlook-Blondierung. Zu den unendlichen Fragen zu ihren Brüsten gesellen sich zunehmend Fragen über ihr Sexualleben. Ob sie noch Jungfrau sei, fragt man sie beispielsweise auf einer Pressekonferenz. Ihr ist die Frage sichtlich unangenehm, und sie versucht diese Verletzung der Intimsphäre beiseitezulächeln und bejaht brav. Und äußert die Absicht, es auch bleiben zu wollen. Vier Jahre hält die Beziehung.

Es ist vielleicht dieses für einige Gemüter zu komplexe Geschehen: Dass eine junge Frau sich bewusst oder unbewusst attraktiv und sexy gibt und dennoch für sich selbst bestimmen möchte, wann und wie sie Sex haben möchte.

2002 erleidet Britney mit und durch die Trennung einen Imageschaden. Sie stolpert über die Opferrolle. Die Opferrolle ihres Ex-Freundes Justin. Justin, dessen Solokarriere gerade zu scheitern droht, nutzt nach der Trennung jede Möglichkeit, Britney als die Schuldige darzustellen. In zahlreichen Interviews deutet er an, von ihr betrogen worden zu sein. Die Medien springen auf den Zug auf, schnell gilt Spears öffentlich als Schlampe.

Der Name »Justin« leitet sich vom lateinischen *iustus,* der Gerechte, ab. Das Bild geht auf. Ungerecht wirkt dabei die Tatsache, dass er parallel damit prahlt, mit ihr geschlafen zu haben. »Wenigstens durfte er ihr an die Wäsche«, so der Tenor in Deutschlands Teenieblättchen und der Regenbogenpresse. Slutshaming vom Feinsten.

Höhepunkt der öffentlichen Demütigung bildet die Singleauskopplung *Cry Me A River* (2002) aus Timberlakes Debutalbum *Justified,* zu deutsch »Gerechtfertigt«. Eher *selbstgerecht* als *gerechtfertigt* visualisiert Timberlake bzw. sein Management im dazugehörigen Video eine aus heutiger Sicht recht beunruhigende Rachefantasie inklusive Britney-Doppelgängerin. In der grau-verregneten Szenerie des Musikvideos wartet Justin mit einem Freund und einer dunkelhaarigen Schönheit in einem geparkten Mercedes am Straßenrand, bis das Britney-Double mit ihrem neuen Partner ihr Haus verlässt. Darauf scheinen sie gewartet zu haben. Nahezu lächerlich pathetisch schwingt sich Justin aus dem Auto. Mit einem Stein schmeißt er die Scheibe des Hauses seiner Ex-Freundin ein, verschafft sich so Zutritt und randaliert ein wenig tänzelnd herum. Die Dame aus dem Auto wird nun auf Geheiß des Beifahrers ebenfalls ins Haus entsandt, während Justin die Schränke nach einer Videokamera durchsucht. In Ermangelung eines Selfiesticks hält Justin dann die gefundene Kamera vor sein Gesicht, während er singt und gleichzeitig mit seiner dunkelhaarigen Begleiterin knutscht. Multitasking kann er zumindest. Noch gruseliger wird es danach, als nämlich Justin einfach allein in dem Haus bleibt und die wiederkehrende, ahnungslose Britney-Doppelgängerin beschnüffelt und heimlich beim Duschen beobachtet. Bis diese dann erschrocken die Dusche verlässt und mit umgebundenem Handtuch zwar nicht mehr ihren Stalker-Einbrecher-Ex-Freund erblickt, aber noch das hinterlassene Rachevideo. Derweil er Britney fünfzigmal auffordert: »*Cry me a river*«. Weine mir einen Fluss. Heul so viel du willst, ich habe kein Mitleid. Als krasser Gegensatz zu der Jesus-Stimme, die »Frau, warum weinst du?« fragt.

Während ich all das aufschreibe und durchdenke, sitze ich auf einem anderen Stuhl. In meiner Wohnung … Das heißt, irgendwann bin ich von diesem Stuhlkreis-Stuhl aufgestanden. Und den rosa Scham-Elefanten habe ich nicht mitgenommen. Vielleicht steht der immer noch in diesem Raum, wer weiß? Ich weiß nur, dass er weder auf meinen Schoß noch in meine Wohnung, mein Leben oder meine Bibel passt.

KAPITEL 3

MARIA, MUTTER GOTTES, UND DAS ABENTEUER

»Heute schwänzen wir beide.«

Bei dem Vorhaben, ein Kapitel über Maria, die Mutter Jesu, zu schreiben, bahnt sich dieser Satz einen Weg in mein Bewusstsein: »Heute schwänzen wir beide.« – Die Worte werden aus den Tiefen meiner Seele hochgespült, und ich denke, es ist wohl einer der einschneidenden Sätze meines Kinderlebens. Vielleicht sogar meines ganzen Lebens. Lustig, wie es manchmal die vermeintlich kleinen Dinge sind, die die größte Wirkung haben.

Mit diesem Gedanken im Kopf drehe ich meinen Schreibtischstuhl und schaue auf das große Bücherregal. Beziehungsweise seit 2019 mein Zoom-Call-Hintergrundbild. Fünf mal fünf Expedit. Nicht Kallax. Gefüllt mit Büchern. Theologischer Fachliteratur. Krimis. Klassikern und Erinnerungsstücken. Bibeln. Lexika. Kommentaren. Einigen Bänden Dogmatik und Biografien. Coretta King Scott und ihr Ehemann Martin Luther King stehen neben Dietrich Bonhoeffer und Hildegard von Bingen. Das »Wörterbuch der Feministischen Theologie« stützt die »Geschichte des Papsttums im Mittelalter« .

Vor den Büchern liegen haptische Erinnerungen. Eine Clownsnase aus Köln. Zwei Champagnerkorken von sehr guten Abenden.

Ironisch-nicht-ironische Souvenirs: ein kleiner Eiffelturm aus dem Sommer 2003. Peter Hase als Kuscheltier hat den Weg aus Schottland zu mir gefunden. Aristoteles und Platon als Salzstreuer. Festival-Bändchen. Ein handgemachter Tonteller von einer Konferenz in Bukarest. Diverse Mini-Polaroids von Freund:innen aus aller Welt. Ein schwarz-weißes Hochzeitsbild von Oma Ruth und Opa Herbert aus Ostpreußen. Herbert erinnert mich ein wenig an den jungen Prinz Philip. Im Fach daneben liegt ein getrockneter Olivenzweig aus Spanien, verbunden mit der glasklaren Erinnerung des ersten großen Bulli-Roadtrips, den ich allein startete, gepflückt irgendwo an der katalanischen Küste.

Ich nehme ein Foto von meiner Mutter und mir aus einem Stapel »Ungewitter Familienfotos«, der neben den gesammelten Postkarten meiner Freundin Janet liegt, die mir konsequent aus jedem Urlaub eine Karte schickt.

Ich lehne das ungerahmte Foto gegen die Schreibtischleuchte. Fujicolor-Papier. Circa 1986. Auf dem Bild sitze ich bei meiner Mutter auf dem Schoß. Ich bin ungefähr eineinhalb und schaue direkt in die Kamera. Mein Blick ist fordernd und zeugt von unnachgiebiger Entschlossenheit. Was schöner klingt als »Trotzphase«. Dabei hebe ich meinen Kopf mit ausgestrecktem Hals in Richtung des Fotografen. Mit recht hoher Wahrscheinlichkeit handelt es sich bei diesem um meinen Papa. Meine Lippen sind zusammenpresst, wirken aber, als würde ich im nächsten Moment einen Laut oder eher einen Appell von mir geben. Eine einzelne Locke steht seitlich meines linken Ohres ab. Der Rest meines Kinderkopfes ist eher noch spärlich mit hellblonden Haaren bedacht.

Noch ein paar Monate und meine Mutter würde beginnen, mit mir das »Wie groß bist du-Spiel« zu spielen. Dabei fragte meine Mutter mich: »Mira, wie groß bist du?«

Daraufhin hob ich meine Arme über den Kopf und sagte laut: »Sooo grooooß.«

»Und wie stark bist du?«

Woraufhin ich meine Arme anwinkelte, meine Kleinkind-Bizepse anspannte, so fest ich konnte, und mit möglichst tiefer Stimme sagte: »Sooo staaaark.«

»Und wie heißt du?«

Worauf ich mit einem inbrünstigen: »Mia Witter!« antwortete.

Ich erinnere mich aber auch an die Zeit, in der ich auf dem Küchentisch sitzend den Einkauf auszuräumen helfe. Laut der Legende meiner Mutter ist es ein Freitagabend, an dem mein Vater, damals Sportstudent, beim Volleyball-Training ist. Meine Mutter war nach der Arbeit noch mit mir im Supermarkt gewesen. Zu ihrer Freude gab es ein kleines, circa kinderfaustgroßes Glas Kiwimarmelade. Da sie die Einzige war, die Kiwi auf Brötchen für schmackhaft hielt, war sie froh über die überschaubare Portion.

»Mia Witter« war ebenfalls froh, einen handlichen Gegenstand in der Einkaufstasche gefunden zu haben, und begann einen wortkargen, aber dennoch zielgerichteten Dialog mit ihrer Mutter: »Schmeißen?!«.

»Mira, wenn du das schmeißt, gibt es Ärger.«

»Schmeißen«, entgegnete ich hingegen erneut.

Das Ganze ging wohl einige Male hin und her.

Bis ich den Dialog für beendet hielt und meiner Mutter das Kiwimarmeladenglas entgegenwarf, so dass die grüne Konfitüre die blaue Küchenwand zierte und meine Mutter ziemlich ungehalten wurde. Eine dieser Geschichten, die ich so oft gehört habe, dass ich sie wie eine Filmszene vor mir sehe, obwohl ich keine reale Erinnerung daran habe.

Auf der Fotografie, die all diese Bilder wieder in Gang setzt, schaut mir meine Mama über die Schulter seitlich ins Gesicht, als ob sie gespannt ist, was gleich aus mir hervorschießt. Modebewusst trägt sie eine Ray-Ban Fliegerbrille. Mit goldenem Gestell und blauem Verlauf in den Gläsern. Müsste man den Begriff »Wohlwollen« illustrieren, wäre es der Blick meiner Mutter in diesem Moment. »Ich war und bin so glücklich über dich«, wird sie mir 35 Jahre später am Telefon sagen, als ich ihr von diesem Kapitel erzähle. Mit Glück im Blick fällt ihr schulterlanges dunkelbraunes, fast schwarzes Haar auf die hellblaue Bluse mit leicht ausgestellten Schultern.

Die Aufnahme ist etwas verwackelt. Die Konturen ungenau. Es ist ein Schnappschuss in Bewegung. Hinter der Lampe, an der das Bild nun seit einigen Minuten lehnt, hängt eine Postkarte, die mir ebenfalls meine Mutter vor einigen Jahren geschenkt hat. Auf der blauen Karte blickt mich das Konterfei von Christopher Reeve alias Superman an. In weißen Blockbuchstaben steht darauf: »Sobald du dich für die Hoffnung entschieden hast, ist alles möglich.«

»Heute schwänzen wir.« – Eine Möglichkeit, die ich mit sechs Jahren nicht mal hätte denken oder gar benennen können. Ähnlich wie das Foto oder die Kiwimarmeladen-Episode handelt es sich dabei um eine verblasste, eine unscharfe Erinnerung, die gleichzeitig mit einem starken, sehr realen Gefühl verbunden ist. Wohl eher eine ganze Kette an vergangenen Momenten.

Auf einmal denke ich wieder an die Wohnung in Köln-Niehl, in der wir gewohnt haben, bis ich acht war und mein kleiner Bruder kam. Alt-Niehl. Merkenicherstaße 88. Meine Kindheit als Adresse. Niehl war ehemals ein Fischerdorf am äußersten nördlichen Rand von Köln. Im Jahre 927 das erste Mal erwähnt. Hinter der rustikalen Dorfidylle beginnt heute das Industriegebiet. Das alte Hafenbecken am Rhein, in der Mitte der Lastenkran. Frachtcontainer und große Hügel aus Sand, Kies oder Kohle. Ein paar Hundert Meter Luftlinie die Kölner Ford-Werke. Blauer Druck. Sowie die Großbäckerei Merzenich.

Drei Zimmer. 82 Quadratmeter. Im vierten Stock ohne Aufzug. Warum auch immer ich das noch weiß. Mit Balkon. Kein Altbau. Eher so ein praktischer Bau. Ein Gebäudekomplex in L-Form. In der Mitte zwei große Wiesen: Betreten verboten. Der Vermieter seines Zeichens Taubenzüchter. Ein Parkplatz, und sicherheitshalber noch eine Tiefgarage. Ein eher rudimentärer Spielplatz, der mir als Kind wie eine ganze Welt erschien.

Quietschrosafarbene Kacheln im Bad. Himmelblaufarbener Teppichboden mit Kakaospritzern. Ein Kunstprojekt meinerseits, das entstand, als ich feststellte, dass man aus einer Nuckelflasche nicht nur hervorragend trinken kann, sondern dass eine Fontäne kleiner Tropfen im hohen Bogen rieselt, wenn man vorne auf den Sauger drückt. Quasi die Prä-Kiwi-Epoche.

Gedanken an den Drang, nie ins Bett gehen zu wollen, und wenn dieser Kampf dennoch verloren war, sollte zumindest die Tür einen Spalt aufbleiben. Phosphoreszierende Leuchtsterne und Leuchtschafe überm Bett. Dazu Kassetten mit Geschichten vom »Guten Hirten Jesus« und Schneewittchen im Ohr. Kuscheltiere. Unter anderem eine Robbe namens Robbi. Sowie ein Hase, Hasi. Zugegebenermaßen nicht die kreativste Nomenklatur. Meine Lieblingspuppe Ira und die

Carrera-Autorennbahn in Form einer Acht. Alles Zeugen einer glücklichen Kindheit.

Dazu kommen Gedanken an den ersten Schultag. Das alte Backsteingebäude der Gemeinschaftsgrundschule Halfengasse, an dessen bemalter Seitenfront sich auch heute noch eine riesige gelbe Sonne hinter einer Wolke den Weg bahnt. Oder sich dahinter versteckt. Ansichtssache.

Die selbstgebastelte dunkelblaue Schultüte meiner Tante Dietlind mit bunten Blümchen aus Pappe. Zöpfe mit weißen Schleifenbändern. Mein Schulranzen, Marke Scout. Der mit den Sternen in Neonfarben. Bunt, aber doch mit einem starken Überhang zu pink. Vanillemilch in Glasflaschen. Salamibrote und Tafeldienst. Das Gefühl von Kreide an den Fingerkuppen. Und Marc Hoffman. Den ich vom ersten Schultag an vier Jahre unerwidert lieben würde. Manchmal aber auch Manuel Jonker. Hausaufgabenhefte und Poesiealben. Fu und Fara, die beiden Hundehandpuppen aus der Lesefibel.

Graue Papierhandtücher in der noch graueren Schultoilette. Der Schulhof überschattet von zwei großen Kastanien. Ein Völkerballfeld, was heute bestimmt bzw. hoffentlich anders heißt. Ein Schulgarten und Hüpfkästchenfelder.

Grundsätzlich bin ich, abgesehen vom frühen Aufstehen, gern in die Grundschule gegangen. Dennoch war der Satz an jenem Morgen wie Magie: »Heute schwänzen wir beide.« Es kam noch besser: »Wir fahren ins Aqualand.« Aqualand. Der Ort meiner Sehnsucht. Wir waren schon einmal daran vorbeigefahren. Der WDR hatte im Vorabendprogramm darüber berichtet. Ein Familien-Spaßbad. Für meine Eltern vermutlich ein Ort, der weniger nah am Spaß als an der Hölle gebaut war. Vor allem an den überfüllten Wochenenden. Aus meiner sechsjährigen Sicht war das Familien-Erlebnisbad ein Traum. Ein riesiger Abenteuerpalast. Ein paar Klassenkamerad:innen waren bereits dort gewesen.

Ein Ort, an dem einfach alles zauberhaft klang. Eine riesige Glaskuppel, unter der sich eine Wasserwelt eröffnete, wie ich sie nur erahnen konnte. Unterschiedliche Becken. Palmen und exotische, vermutlich künstliche Blumen. Whirlpools unter Bambusdächern. Ein Wasserspielpark. Eine dunkle Grotte mit heißem Wasser, die wie eine geheime Höhle aussah. Zwei grüne Röhrenwasserrutschen. Mit Ampel, die auf mich nahezu futuristisch wirkte. Also musste ich keine Angst haben, dass mir ein anderes Kind in den Rücken rutscht.

Und als absolutes Highlight, auch wenn mir diese Attraktion etwas Respekt einflößte, die Reifenrutschen. Nichts wollte ich lieber ausprobieren. Im Fernsehen sah es spektakulär aus. Dabei schleppte man die riesigen donutförmigen orangenen Gummireifen durch eine künstliche Tropenlandschaft unzählige Treppen hinauf, um sich dann in einer Art Wildwasserkanal runterspülen zu lassen. Es war das Aufregendste, was ich mir hätte vorstellen können.

Heute sollte es passieren. Abenteuer statt Schule. Einfach so. Ohne Vorwarnung. Ohne Vorfreude. Sondern ein komplett unerwarteter Einbruch des Glücks. Schwänzen.

Regeln, von denen ich noch nicht einmal wusste, dass man sie brechen kann, wurden von meiner Mutter für obsolet erklärt. Zumindest für diesen Tag. Wobei ich ziemlich sicher bin, dass zumindest meine Mutter sich offiziell Urlaub genommen hatte. Mein Vater, der sonst als Hausmann für das Zöpfe-Flechten und Graubrotstullen-Schmieren zuständig war, war einmal im Jahr als Skilehrer mit dem Hochschulsport Köln unterwegs. Eine Woche, in der ich mit meiner Mutter allein war.

Das hatte Vor- und Nachteile. An einigen Stellen war meine Mutter nicht unbedingt strenger, aber ungeduldiger als mein Vater. Diktat üben mit meiner Mutter war für uns beide eine Herausforderung oder – seien wir ehrlich – eine Tortur. Auf der anderen Seite hatte meine Mutter keine Ahnung von den unausgesprochenen Gesetzen unter Eltern.

Gab es in einer Gruppe von uns Kindern nach dem Spielplatz noch ein Eis, lag die allgemeine Norm an der Eisdiele für alle Kinder meist bei zwei Kugeln. Die ganz Kleinen bekamen eine Kugel. An der Langnese-Tafel wurde Eis am Stiel bis zum Preis von 1,50 D-Mark erlaubt. Also irgendwas zwischen Flutschfinger, Calippo oder einer Domino-Schnitte. Der Verhandlungsspielraum für gemischte Tüten lag bei 50 Pfenning bis zu einer Mark. Wenn meine Mutter mit mir Eis essen ging, und ich wollte das Magnum – damals das größte Eis auf der Tafel – bekam ich es. Vier Kugeln in der Eisdiele?! Warum nicht. Eine süße Tüte für 3 Mark. Auf jeden Fall.

Vielleicht haben meine Mutter die Regeln der anderen Eltern auch schlicht nicht interessiert. Dafür betete meine Mutter jeden Abend mit mir. Regeln brechen oder zumindest hinterfragen und beten. In diesem Fall *ora* ohne *labora,* dafür *cogito ergo sum*. Beten ohne Arbeit trifft Ich-Zweifel, also bin ich. In diesem Fall im Freizeitbad Köln-Chorweiler.

Gott im Gegenteil von Verordnungen zu spüren, ist vielleicht das wichtigste geistliche Erbe meiner Mutter an mich. So wie heute am Aqualand-Abenteuer-Schule-Schwänz-Tag. Der pink-gelbe Scout-Ranzen bleibt zu Hause liegen. Dafür suchen wir meinen Badeanzug und Handtücher. Weiße und blaue. Die Sorte Textilien, die dank des kalkhaltigen Wassers in Köln eher zusammengeklappt als zusammengelegt werden muss. Weichspüler halten meine Eltern für Umweltverschmutzung und Geldverschwendung. Zugegebenerweise ein eher selektiver Klimaschutzgedanke. Außerdem kratzen die harten Handtücher. Ich nehme mir schon als Kind vor, wenn ich erwachsen bin Weichspüler zu benutzen. Ich habe bei jedem Umzug eine Flasche Weichspüler gekauft. Drei insgesamt. Die letzte steht seit vier Jahren ungeöffnet unter der Spüle in meiner Wohnung in Wien. Meine Handtücher auch eher klappbar. Manche ererbten Gewohnheiten halten sich, auch wenn sie kratzen.

Mit Badesachen und dem metallic-blauen Ford Escort geht der Ausflug los. Rauf auf das gelbe Autositzkissen, damit man sich bei einem Unfall nicht den Hals abschnürt. Haben die Dinger eigentlich einen Namen?

Im Schritttempo aus der Ausfahrt der Merkenicherstraße, der Teil, der auch heute noch als Spielstraße verkehrsberuhigt ist. Vorbei an den Wohnungen und Häusern meiner Freund:innen, die jetzt in der Schule sitzen, während ich ins Schwimmbad darf. Es wird heute keine selbstgeschmierten Brote geben. Es wird beim Bäcker gehalten. Vanillehörnchen und Caprisonnen. Plural. Heute wird gegönnt.

Nicht in die Schule müssen. An einem Mittwoch. Einfach so. Dann noch mit meiner Mama, die sonst nicht vor 17.30 Uhr zu Hause ist. Was für mich übrigens vollkommen normal war. Dafür hatte ich meinen Papa die ganze Zeit um mich. Dabei hatte ich nie das Gefühl, eine schwächere Bindung zu meiner Mutter zu haben. Im Gegenteil. Ein Stück am Rhein entlang. Vorbei an dem Industriegebiet. Vorbei an »Bauer Druck«, *by the way* der Arbeitsplatz meiner Mutter. Noch einen Blick auf den Fühlinger See, den ich sehr lange »Frühlinger See« genannt habe, was meine Eltern so süß fanden, dass sie vergessen hatten, mich über den Originalwortlaut aufzuklären.

Dann taucht auch schon das Aqualand in seiner ganzen Pracht auf. Mein Gesichtsausdruck muss ähnlich gewesen sein wie bei den Hobbits, als die Bewohner des Auenlandes das erste Mal Bruchtal erblicken. Pure Faszination. Aus meiner damaligen Perspektive ein riesiger Komplex. Mehr noch: ein Palast. Die Glaskuppel, die die chlor-versetzte Wasserwelt krönt, leuchtet in der Sonne. Die Röhrenrutschen schlängeln sich wie zwei riesige grüne Schlangen an der Fassade entlang. Mein Puls steigt ähnlich wie bei meinem kindlichen Anblick einer Kirmes oder einer McDonalds-Filiale. Das Hauptgebäude des Schwimmbades ist in bunter »Hundertwasser-Optik« bemalt. Bunte Fragmente und abstrakte Formen.

Dreißig Jahre später schreibe ich bei einem Vortrag auf einer Pastor:innentagung ein Zitat des Malers und Philosophen Friedrich bzw. Friedensreich Hundertwasser in mein Notizbuch: »Die gerade Linie ist gottlos und unmoralisch.« *Love it!*

Als ich als Kind aus dem Auto aussteige, weiß ich weder, wer der politisch engagierte Künstler Hundertwasser ist, noch hätte es mich eine Sekunde lang interessiert. Heute mag ich es sehr, dass sich diese Geschichten verbinden. Im damaligen Moment trennt uns nur noch eine Holzbrücke und eine Glastür vom Schwimmbadgeruch und dem Lärmpegel der Oase in Köln Chorweiler.

Meine Mama nimmt mich an die Hand und wir betreten das Abenteuerbad. Endlich. Angekommen.

Im Übrigen leitet sich das Wort »Abenteuer« von den lateinischen Begriffen *advenire*, übersetzt »ankommen«, und *adventus*, »Ankunft«, ab. Zweiteres ist den meisten vielleicht auch im Wort »Advent« schon mal untergekommen. »Advent« bedeutet »Ankunft«, heißt es oft von Kirchenkanzeln in den vier Wochen vor Weihnachten, in denen man mehr oder weniger bewusst eben auf die »Ankunft« von Baby Jesus wartet. Aber vielleicht hat die Adventszeit ursprünglich weniger mit erzwungener Besinnlichkeit und traditionellen Backwaren, sondern viel mehr mit den Gedanken über Abenteuer zu tun gehabt. Abenteuer, Ankommen und Advent gehören etymologisch und auch vom Wesen der Weihnachtsgeschichte zusammen. Dazu später noch mehr.

Heilige Mutter Gottes, wer hätte das gedacht!

Eigentümlicherweise kann ich mich an den Rest des Tages kaum noch erinnern. Natürlich tauchen Bilder von der Reifenrutsche auf. Aber am stärksten ist dieses Gefühl des unerwarteten Abenteuers.

Ich lasse die leicht verwackelte Fotografie von meiner Mutter und mir zusammen mit der verwackelten Erinnerung auf dem Schreibtisch stehen und widme mich der Predigtvorbereitung.

Ähnlich wie bei der thematischen Vorbereitung von Predigten oder allgemein allen Dingen, die mich für einen bestimmten Zeitraum sehr beschäftigen, werde ich für Hinweise zu Besagtem sehr sensibel. Meine Wahrnehmung wird selektiver: Artikel, die ich vielleicht sonst nicht lesen würde, sprechen mich auf einmal an. Ich folge Spuren bei Instagram, die mich sonst weniger tangieren. Oder bleibe bei Bildern, Darstellungen oder Gedichten hängen, die mir sonst nie aufgefallen wären.

So blättere ich einige Tage später durch die Ausgabe einer katholisch-theologischen Fachzeitschrift, die ich nach dem Probe-Abo vergessen hatte, wieder abzubestellen. Klassiker. Ich überfliege die Kurzbeiträge der ersten Seiten und stoße in der Mitte der Zeitschrift auf eine riesige Mariendarstellung. Über die komplette Seite erstreckt sich mir die bis dato unbekannte »Dangolsheimer Muttergottes«, wie unter dem Bild zu lesen ist, die 1463 von dem Künstler Niclaus Gerhaert von Leyden ins Leben geschnitzt wurde. Eine klassische Madonnen-Darstellung mit Kind.

Auch wenn zu meiner protestantischen Prägung eher ein gewisses Misstrauen bildlichen Heiligendarstellungen gegenüber gehört und auch der spätgotische Stil nicht unbedingt meinen persönlichen Geschmack trifft, fasziniert mich diese Darstellung unter der Überschrift »Spiel mit dem Schleier«. Vielleicht weil es mir so vorkommt, als ob der Künstler einen gewissen mutigen Humor gehabt hätte. Mutter und Kind sind zwar erhaben, aber dennoch menschlich und nicht ganz gemäß eines königlichen Protokolls abgebildet. Ich benutze selten die Vokabel »verschmitzt«. Aber der Eindruck eines verschmitzten Lächelns ist nicht zu leugnen. Dabei formen sich die Lippen der Gottesmutter spitz zusammen, als ob sie Jesus in der nächsten Sekunde ein Küsschen auf die Wange drücken würde. Gleichzeitig umfasst ihre rechte Hand den kleinen Fuß ihres Babys. Wäre die Szene real, würde es einen auch nicht wundern, wenn Maria dem splitternackten Baby-Jesus gleich in den Bauch prustet.

Hinter der mittelalterlichen Mutter-Kind-Abbildung in dem Fachblatt steht nach wie vor der Schnappschuss aus den Achtzigerjahren meiner Mutter und mir. Zu meiner Verblüffung ist die Pose recht ähnlich. Vor allem der geneigte Kopf beider Mütter. Der zugewandte Blick. Das Lächeln. Das Wohlwollen.

Vielleicht liegt es auch an meiner selektiven Wahrnehmung oder dem Wunsch nach Identifikation oder Anknüpfung. Danach, sein eigenes Leben, nicht im Sinne von Größenwahn, sondern im Wunsch nach Partizipation an etwas Heiligem miteinzubinden. Nachzufühlen im wahrsten Sinne des Wortes. In diesem Fall eintauchen in die Kontinuität der komplexen Beziehungen von Müttern und ihren Kindern über Jahrtausende hinweg.

Ich schaue wieder zum Foto der Madonnenfigur: Unter den leicht belustigten Augen Marias spielt der recht wohlgenährte, lockige Junge mit der linken Hand an dem Schleier, der auch sein eigenes Köpfchen bedeckt.

Apropos Schleier: Bei den sogenannten Kopftuchdebatten ist es meines Erachtens durchaus ratsam, sich aus christlicher beziehungsweise aus einer westlich-kulturellen Perspektive zu vergegenwärtigen, dass auch die jüdischen und die christlichen Traditionen Verschleierungen von Frauen kennen und diese zum Teil auch heute noch gelebt werden. Mal mehr, mal weniger bewusst. Wenn moderne Bräute beispielsweise heute einen dekorativen Brautschleier tragen, steht dieser in der historischen Kontinuität des Christentums seit dem 4. Jahrhundert. So wie das weiße Kleid soll dies die Jungfräulichkeit der Braut symbolisieren. Auch andere christliche Gemeinden, vor allem im freikirchlichen Spektrum, bestehen darauf, dass Frauen zumindest im Gottesdienst ein Kopftuch tragen. Dabei handelt es sich meist nicht um eine Verschleierung des ganzen Kopfes, sondern um eine Art Haube, ähnlich der der Amischen. Oder ein Halstuch, welches zum Dreieck gelegt unter dem Hals zugebunden wird.

Die Kopftuchpraxis in diesen christlichen Gemeinden geht auf eine Stelle in den Paulusbriefen in der Bibel zurück, in der Frauen angehalten werden, auch ihre Kopfbedeckung während des Gottesdienstes nicht abzusetzen. Dass Frauen eine Verschleierung trugen, war zu Paulus' Lebzeiten vollkommen normal. Da die christlichen Gemeinden ohnehin im Verdacht standen, merkwürdig zu sein und soziale Stände sowie Geschlechterhierarchien zu durchbrechen, galt diese Anweisung als eine Art Zugeständnis an den damaligen gesamtgesellschaftlichen Zeitgeist. Der Apostel Paulus schreibt beispielsweise in seinem Brief an die Christ:innen in der Stadt Galatien folgenden Satz: »Es gibt nicht mehr Juden und Griechen, nicht Sklaven und Freie, nicht Mann und Frau; denn ihr alle seid *einer* in Christus Jesus.« (Galater 3,28, EÜ, H.d.V.)

Auf heute übertragen, bedeutet dieser Ausspruch von Paulus, dass der Glaube die Grenzen von Nationalität, gesellschaftlicher Stellung und Geschlechterhierarchie auflöst. Dieser Anspruch hatte zur Folge, dass es beispielsweise in den allerersten christlichen Gemeinden vorkam, dass reiche Christ:innen mit großen Häusern auf einmal Sklaven und stadtbekannte Prostituierte zu Hausgottesdiensten einluden und bewirteten. Ein Zustand, der in der jeweiligen Nachbarschaft eher Unbehagen auslöste. Sklaven zu sagen, dass sie eine eigene Würde haben, kam in der wohlhabenderen Bevölkerung nicht gut an. Die christlichen Gemeinden gerieten somit immer mehr auch unter staatlichen Druck. Gerüchte, dass sich die Frauen auch noch zusätzlich unziemlich verhielten, indem sie ihre Haare nicht bedeckten, sollten aus Angst vor Verfolgung vermieden werden. Dieser Rat wurde dann zu einer lange währenden Schutzregel, aus der einige christliche Strömungen auch heute noch eine Pflicht machen.

Bis heute ist es übrigens so, dass sich bei einer persönlichen Audienz beim Papst auf vatikanischem Boden laut Protokoll schwarze Kleidung inklusive eines schwarzen Schleiers schickt. Ebenso sollte Frau bei diesem Besuch auf auffälliges Geschmeide verzichten. – Ein Hinweis, den die Queen höchstpersönlich im Jahr 2000 bei ihrem Besuch beim damaligen Papst Johannes Paul II ignorierte, indem sie unverschleiert und mit einer dreireihigen Perlenkette, einer wenig dezenten Diamantbrosche sowie passendem Armband aufkreuzte – dies weniger als rebellischer Akt als vielmehr als Machtdemonstration und Untermauerung ihrer Ebenbürtigkeit als Kirchenoberhaupt der Anglikanischen Kirche.

Ohne Diamanten, aber dennoch royal, stellte auch der Schnitzer der Dangolsheimer Madonna die Mutter Jesu dar: Maria in einen üppigen wallenden Mantel gehüllt, der ihre königliche, ja himmlische Verehrung symbolisiert. Der ursprünglich blaue Mantel ist nach knapp sechshundert Jahren verblasst. Das Blau ist im Laufe der Zeit zu weiß geworden.

Maria und das Jesuskind in ihrer schneeweißen Darstellung verraten jedoch mehr über mittelalterliche Vorstellungen und Schönheitsideale als über das ursprüngliche Erscheinungsbild des historischen Jesus und seiner Mutter. »Wie ist Jesus weiß geworden?«, fragt meine Kollegin, die Theologin und Pfarrerin Sarah Vecera, in ihrem gleichnamigen Buch.[2] Welches ich an dieser Stelle wärmstens empfehle. Es setzt sich kritisch mit der Frage von Rassismus und Kirche auseinander. Ein Rassismus, der sich auch in den westlichen Darstellungen eines Jesus mit weißer Haut und blauen Augen wiederfinden lässt.

Noch opulenter als der Mantel wirkt Marias Haarpracht. Der Künstler schnitzte lange Locken, die sich aus dem Schleier herauswinden. Hüftlange offene Haare. Mit dieser Darstellung wird Marias Stand als unverheiratete junge Frau ausgedrückt. In dem Kommentar der Zeitschrift zu dem Bild ist zu lesen, dass die Statue ursprünglich zusätzlich mit einer Krone bedacht war, beschriftet mit den Worten: »Jungfrau und Mutter«.

Da ist sie. Diese schiere Unglaublichkeit. Nahezu eine Beleidigung des Verstandes: Die Jungfrauengeburt. Die »unbefleckte Empfängnis«. Also die Erzählung beziehungsweise der Glaube daran, dass Maria ohne Sex ein Kind von Gott beziehungsweise vom Heiligen Geist bekommen hat.

Wenn ich das Wort »unbefleckt« höre, muss ich immer an ein Interview eines Rabbiners auf der Buchmesse in Wien denken. Der Rabbiner stellt in einem Gespräch gerade sein neues Buch über jüdische Weisheiten vor. Sein katholischer Gesprächspartner lässt in einem Zusammenhang, an den ich mich nicht mehr recht erinnere, den Begriff »unbefleckte Empfängnis« fallen.

Sehr wohl erinnere ich mich an die Vehemenz der Reaktion des jüdischen Gelehrten: »So etwas wie unbefleckte Empfängnis haben wir im Judentum nicht! Die Vorstellung, dass die Sexualität einen Menschen in einem abwertenden Sinn befleckt, ist uns fremd.« Ich zitiere diesen Moment aus dem Gedächtnis und hoffe, die Worte halbwegs korrekt wiederzugeben. Mich hat diese Aussage sehr berührt, da sie eine vollkommen andere religiöse Perspektive auf Sexualität offenbart, als ich es aus den unterschiedlichen Strömungen des Christentums kenne.

Im Christentum spielt Marias Jungfräulichkeit eine besondere Rolle. Laut katholischem und orthodoxem Lehramt war sie nicht nur selbst von ihrer Mutter »unbefleckt« empfangen worden und bei der

Geburt ihres eigenen Kindes Jungfrau, sondern auch danach soll Maria niemals Sex gehabt haben. Sie war eine ewige Jungfrau. Das behaupten zumindest die katholische und die orthodoxen Kirchen. Die biblischen Texte sprechen in einer Art Randnotiz zwar auch von der jungfräulichen Geburt Jesu, danach soll sie aber ein durchaus aktives Sexualleben gehabt haben. Das lässt zumindest die Anzahl der Geschwister Jesu erahnen. Dazu gleich Genaueres.

Jungfrau und Mutter. Ich schaue wieder auf Marias süffisantes Lächeln und überlege, ob sie es vielleicht sogar ganz gut findet, dass ihr die Krone mit dieser Aufschrift abhandengekommen ist. Ich stelle mir die Frage: Wie würde Maria von Nazareth eigentlich selbst über ihr Leben schreiben?

Was erzählen die Geschichten über eine der berühmtesten Frauen der Welt, die vor allem viel zu oft aus männlicher Perspektive gedeutet und dogmatisiert wurde? Für die der Grund der Verehrung vor allem die Jungfräulichkeit darstellt, sie also nur verehrt wird, weil sie von der eigenen Sexualität abgekoppelt ist, aber dennoch als Mutter fungiert. Dabei mag ich den Gedanken von Maria als Mutter sehr. Und ich mag das Gedankenspiel, das einen männlichen Erzeuger ignoriert. Nicht weil ich was gegen den armen Josef habe oder gegen das Konzept Sex, aus dem ein Kind hervorgeht. Sondern ich mag die biblischen Erzählungen von Marias wundersamer Schwangerschaft, weil sie meines Erachtens das Patriachat hintergeht. Was dann 2000 Jahre lang daraus gemacht wurde, steht auf einem anderen Blatt.

Dennoch scheint es mir wichtig, Maria beziehungsweise die biblischen Darstellungen einmal anders zu beleuchten. Dabei will ich den Fokus gar nicht auf die Frage setzen, ob man an so etwas wie die Jungfrauengeburt glauben kann oder nicht. Es gibt viele Erklärungen, warum die Bibel das Motiv der Jungfrauengeburt aufnimmt. In der Antike war es nicht ungewöhnlich, die Geburt einer besonderen Person wundersam auszuschmücken. So behauptete Julius Caesar von der Göttin Venus abzustammen. Auf den römischen Feldherren geht auch der Begriff »Kaiserschnitt« zurück, da ein Gelehrter (Plinius) über ihn schrieb: »Cäsar, Kaiser, so genannt, da er aus dem Bauch der Mutter geschnitten.« Martialisch von Anfang an.

Auch die Theolog:innen waren bemüht, die Jungfrauengeburt zu erklären. So wurde und wird viel über die exakte Übersetzung eines Zitats des Propheten Jesaja diskutiert. Dabei handelt es sich um seine Prophezeiung im Buch Jesaja 7,14, die die Christ:innen auf Jesus deuten. Bei Luther lautet sie: »Darum wird euch der Herr selbst ein Zeichen geben: Siehe, eine Jungfrau ist schwanger und wird einen Sohn gebären, den wird sie nennen Immanuel.« (LUT) Hier wird die Geburt des Retters vom Hebräischen ins Griechische übersetzt. Der hebräische Begriff *alma* ist nun als »junge Frau« oder als »Jungfrau« wiederzugeben. Luther entschied sich bewusst für »Jungfrau«, er glaubte an die übernatürliche Zeugung, lehnte aber die immer währende Jungfräulichkeit ab.

Auch im Neuen Testament wird diese alte Stelle wieder aufgegriffen, wenn im Matthäusevangelium hervorgehoben wird, dass Maria unverheiratet durch ein göttliches Wunder schwanger wird: »Die Geburt Jesu Christi geschah aber so: Als Maria, seine Mutter, dem Josef vertraut war, fand es sich, ehe sie zusammenkamen, dass sie schwanger war von dem Heiligen Geist.« (Matthäus 1,18, LUT)

Schwanger vom »Heiligen Geist« – erstaunlich ist dabei auch, dass der männliche Begriff »Heiliger Geist« auf das Hebräische *ruach* zurück geht. *Ruach* bedeutet wortwörtlich so viel wie »Atem«, »Wind« oder »Lebenshauch« und bezeichnet eine unsichtbare, göttliche Kraft, die das Deutsche mit dem »Heiligen Geist« wiedergibt, der im Ursprung tatsächlich weiblich ist. So kam es dazu, dass es in den ersten Jahrhunderten bereits Zweifel an der Jungfrauengeburt gab. Aber nicht aus medizinischer Sicht, sondern weil man es für unmöglich hielt, dass eine *weibliche* »Heilige Geist«-Kraft mit einer Frau ein Kind hätte zeugen können.

Gleichzeitig kommt in dem ältesten Evangelium, dem Markusevangelium, gar keine Geburtsgeschichte vor. Entweder hatte der Evangelist keine Informationen darüber. Oder es war ihm nicht wichtig Matthäus und Lukas nehmen das Markusevangelium als Grundlage und erweitern den Text durch die zusätzlichen Informationen, die sie noch von Zeitzeugen bekommen. Zum Beispiel die Erzählungen rund um die Geburt.

Vielleicht kann man dies mit Folgendem vergleichen: Wenn man einen Menschen kennen und lieben lernt, meint, die Person gut zu kennen, trifft man plötzlich die Familie, die noch allerhand Anekdoten beisteuert. Auf einmal lernen wir die Person auch als Baby, nerviges Geschwisterchen oder als Teenager kennen.

Das Johannesevangelium hingegen legt die Menschwerdung Jesu komplett in ein mystisches Geheimnis, in dem keine natürliche Geburt erwähnt wird. Dabei kreiert der Evangelist eine Metapher, die Jesus als »das Wort« bezeichnet. Dieses göttliche Wort wird in Jesus Mensch: »Im Anfang war das Wort, und das Wort war bei Gott.« (Johannes 1,1, LUT) Gleichzeitig spielt Johannes mit dieser Formulierung auf die ersten Sätze der Schöpfungserzählung an. Er will der Geburt Jesu dieselbe Wichtigkeit wie der Entstehung der Welt selbst zuschreiben.

Ich glaube, dass die Idee der Jungfrauengeburt das Patriarchat hintergeht. Patriarchat kann man mit »Vaterrecht« oder »Vaterherrschaft« übersetzen. Jede Familie inklusive Ahnen und Erbfolge sowie die ganze Gesellschaft ist auf die Väter hin angelegt. Der Vater ist Hausherr und Erzeuger, die Frau ist in antiker Betrachtung eine Vase, ein Brutgefäß. In der Symbolik der Jungfrauengeburt wird der Vater schlicht für obsolet erklärt. Auch wenn man sich den gesamten neutestamentlichen Textbestand anschaut, kommt Josef kaum vor. Er wirkt eher wie ein Statist.

Im Zentrum der Geburtsgeschichte Jesu, der zentralen Figur des Christentums, steht ein junges, unverheiratetes Mädchen, das mutige Entscheidungen trifft.

Das Patriarchat wird zum Matriarchat, indem die mütterliche Linie betont wird. So hebt der Evangelist Lukas deutlich hervor: Jesus, »aus Maria hervorgebracht«.

Lukas wäre nach heutigen Maßstäben ein guter Dramaturg. Ein antiker Regisseur des Textes, den wir als »Weihnachtsgeschichte« kennen. Die Bilder von Maria und Josef auf dem Esel. Die Herbergssuche. Der Stall. Das Baby in der Krippe in Windeln. Hirt:innen und Engel. Die Liebe zum Detail verdanken wir seiner Überlieferung.

Eigentlich hat die Geburtserzählung Jesu mehr etwas von *Game of Thrones* als von Stille Nacht, heilige Nacht. Israel und vor allem Jerusalem sind vor 2000 Jahren von den Römern besetzte Gebiete. Es herrschen Unruhen, Machtkämpfe und Aufstände gegen die Besatzermacht. König Herodes, der von den Römern taktisch positionierte König von Judäa in Jerusalem, lebt in ständiger Angst um den Thron. Seine eigenen Söhne hat er bereits umbringen lassen, aus Angst, sie könnten in der Gunst des Volkes höher stehen und ihn vorzeitig ablösen. Über König Herodes steht Kaiser Augustus. Er ist der Herrscher über das gesamte Imperium Romanum. Demnach der mächtigste Mann der Welt, der eins der mächtigsten Vorhaben anordnet. Nämlich dass sich jeder in seinem Reich »schätzen«, also registrieren lässt. Hierbei geht es nicht um einen bürokratischen Akt der Ordnung, sondern um künftige Besteuerung. Das Einschätzen von Arbeitskräften und Militäraufrüstung.

Wenn die Weihnachtgeschichte also mit den Worten beginnt: »Es begab sich aber zu der Zeit, dass ein Gebot von Kaiser Augustus ausging, dass alle Welt sich schätzen lasse« (Lukas 2,1, LUT), ist hier nicht die Rede von einem romantischem Ausflug. Was wir als Weihnachtsgeschichte kennen, ist Teil knallharter politischer Entscheidungen eines mächtigen Mannes.

Das hat zur Folge, dass auch Josef und Maria sich auf nach Bethlehem machen, da dies der Heimatort Josefs zu sein scheint. Dies ist ursprünglich also kein zauberhafter Auftakt für eine gemütliche Wintererzählung. Es ist vielmehr ein gefährlicher Kraftakt. Ein Gang durch ein verarmtes, unterdrücktes und unruhiges Land.

Vor der berühmten Weihnachtserzählung überliefert Lukas der Evangelist aber noch ein weiteres Kapitel. Ein Kapitel über Maria und ihre Verwandte Elisabeth. Es ist die abenteuerliche Vorgeschichte zu Weihnachten.

Beide Frauen könnten unterschiedlicher nicht sein: Elisabeth ist bereits alt, verheiratet und wünscht sich nichts sehnlicher als Kinder. Maria ist blutjung, unverheiratet und ungeplant schwanger.

Elisabeths Mann Zacharias ist Priester am Tempel in Jerusalem. Das Paar gilt als besonders gottesfürchtig. Der Priester und seine Frau werden als gerecht beschrieben. Wir würden heute vielleicht sagen, es sind sehr fromme Leute, deren ganzes Leben im Dienste ihrer Religion steht. Elisabeth hat keine Kinder und leidet sehr darunter.

In einer Zeit, in der man die Fähigkeit, schwanger zu werden, auch auf den Willen Gottes zurückführt, wiegt ungewollte Kinderlosigkeit besonders schwer. Der Kinderwunsch war damals nicht nur der Wunsch nach Nachkommen, sondern auch Teil der eigenen Absicherung. Den Begriff »Kinderreichtum« kann man biblisch, wörtlich verstehen: Wer reich an Kindern ist, ist auch reich gesegnet. Wer dies nicht ist, ist nicht nur verzweifelt über die eigene Situation, sondern empfindet auch öffentliche Schmach. Es ist für Elisabeth so, als ob sie zusätzlich unter dem gesellschaftlichen Verdacht lebt, dass irgendwas mit ihr nicht ganz stimmen könnte.

Die Bibel berichtet, dass das Priesterpaar im Bergland von Judäa, also nahe Jerusalem, lebt. Als nun Zacharias seinem Priesterdienst nachkommt, passiert ihm das gleiche wie Maria. Auch ihm erscheint ein Engel und kündigt ihm die Geburt eines Sohnes an, den wir später als Johannes den Täufer kennenlernen. Anders als Maria zweifelt Zacharias aber an der Prophezeiung und führt das Alter seiner Frau als Gegenargument ins Feld.

Der fromme, gerechte Priester versagt an der Stelle, wo sein Glaube gefragt wäre. Die junge Maria hingegen überzeugt durch ihre mutige Zustimmung und ihr Gottvertrauen. Zacharias verstummt aufgrund seines Unglaubens bis zur Geburt seines Sohnes. Es ist weniger eine Strafe als eine Konsequenz mit hohem Symbolwert.

Denn symbolisch, ob man nun daran glauben mag oder nicht, werden hier Machtverhältnisse umgekehrt: Während der Priester schweigen muss, stimmt das Mädchen, also Maria, ein Loblied Gottes an.

Trotz oder vielleicht gerade durch das Verstummen ihres Mannes wird Elisabeth kurz darauf, und somit etwas früher als Maria, auf natürliche Weise schwanger, irgendwo im Bergland von Judäa.

In Nazareth schließlich, rund 150 Kilometer entfernt, ungeplant, wenn auch nicht ungewollt, schwanger, lässt sich Maria bewusst auf die Mutterschaft ein. Sie beschließt außerdem, Elisabeth aufzusuchen.

Wie sie – ein damals circa 14 bis 15 Jahre altes Mädchen – sich gegen Josef oder gar ihrer Familie durchgesetzt hat, würde mich brennend interessieren. Rund 150 Kilometer durch ein Land wandern, durchzogen von Soldaten der Besatzermacht. Wege gesäumt von hingerichteten Aufrührern. Hungernde Armut wortwörtlich an jeder Ecke.

Somit wird die erste Adventszeit der Weltgeschichte, also die Geschehnisse vor der Ankunft Jesu durch Niederkunft Marias zum Abenteuer. Zum unerwarteten Abenteuer einer jungen, starken Frau aus dem Nahen Osten. Deutlicher noch, der Advent selbst ist das Abenteuer. Das *advent-ure.*

Schaut man bei Wikipedia nach, wird das Wort »Abenteuer« wie folgt definiert: »Als Abenteuer wird eine risikohaltige Unternehmung wie eine gefahrenträchtige Reise oder die Erforschung eines unbekannten Gebiets bezeichnet, die aus dem geschützten Alltagsbereich entfernen. Der Abenteurer verlässt sein gewohntes Umfeld und sein soziales Netzwerk, um etwas Wagnishaltiges zu unternehmen, das interessant oder auch gefährlich zu sein verspricht und bei dem der Ausgang ungewiss ist. In diesem Sinne gelten und galten Expeditionen ins Unbekannte zu allen Zeiten als Abenteuer. Die mit einem Abenteuer verbundenen Risiken können physische Schäden, psychische Folgen, Sachschäden oder juristische Konsequenzen betreffen.«[3]

Und so bricht Maria gleich zu Beginn ihrer Schwangerschaft zu einer »risikohaltigen Unternehmung« auf. Einer gefahrenträchtigen Reise jenseits ihres geschützten Alltagsbereiches. Ausgang unbekannt. Ob sie hier schon ahnt, dass auch das Ende ihrer Schwangerschaft von einem ähnlichen Szenario gezeichnet sein wird? Dass sie kurz vor ihrer ersten Entbindung wieder denselben Weg einschlagen wird, noch dazu inmitten einer Art Völkerwanderung?

150 Kilometer. Inklusive Höhenmetern rund um die Jerusalemer Hügel und Berglandschaft. Wie lange war sie unterwegs? Wo hat sie geschlafen? Woher bekam sie etwas zu essen und – wichtiger noch – Wasser? Dazu Hitze. Kälte. Sonnenaufgänge und Sternenhimmel. Immer einen Schritt vor den anderen. Mal schneller. Mal langsamer.

Ich stelle mir vor, wie sie auf ihre Füße schaut. Die sie Schritt für Schritt in ein neues Leben hineintragen. Ein Leben ganz anders als geplant. Vor meinem inneren Auge legt Maria immer wieder erstaunt die Hände auf den noch flachen Bauch und versinkt in Gedanken.

Was hat dies alles zu bedeuten? Hatte sie Angst vor den Konsequenzen, unverheiratet schwanger zu sein? Was würde die Schwangerschaft nicht nur für sie, sondern auch für Josef bedeuten? Ob ihr von diesen Gedanken oder von der Schwangerschaft auch schon die erste Übelkeit widerfahren ist? Musste Maria sich vielleicht gar übergeben? Vielleicht wurde ihr übel vom Geruch des Pferdemistes der römischen Soldaten, die an ihr vorbeiritten und sie musterten, während sie sich den Schleier tiefer ins Gesicht zog. Bis der letzte beschwerliche Abschnitt im Bergland vor ihr lag. Mit dem Ziel vor Augen, eilends zur ihrer geliebten Verwandten Elisabeth zu gelangen.

In der Bibel ist die Wanderung in einem Satz zusammengefasst. Vermutlich auch, da die ersten Leser:innen beziehungsweise Hörer:innen mit der Geografie gut vertraut waren: »Maria aber machte sich auf in diesen Tagen und ging eilends in das Gebirge zu einer Stadt in Juda. Und kam in das Haus des Zacharias und begrüßte Elisabeth.« (Lukas 2,39–40, LUT)

Auf die Begrüßung Marias durch Elisabeth folgt eine mit sechzehn Versen recht lange und rührende Szene, die vor Zuneigung der beiden Frauen füreinander sprüht. Eine Art heilige Schwesternschaft, in der die beiden einander vollkommen verstehen. Beide in ähnlichen und doch so unterschiedlichen Umständen: »Als Elisabeth den Gruß der Maria hörte, hüpfte das Kind in ihrem Bauch. Sie wurde mit der Heiligen Geisteskraft erfüllt und rief mit lauter Stimme: Gesegnet bist du, unter all den Frauen, gesegnet ist das Baby in deinem Bauch.« (Lukas 1, 41–42) Ich habe die Verse hier etwas freier übersetzt.

Ich stelle es mir fast wie eine Musicalszene vor, in der Maria nun zum Höhepunkt einen hochpolitischen Lobgesang anstimmt: »Meine Seele preist die Größe Gottes und mein Geist jubelt Gott zu, meinem Retter. Denn die ich als niedrig erachtet werde, wird von nun an seliggepriesen von allen Menschen.« (Lukas 1,47–48)

In dem »Lobgesang der Maria«, dem sogenannten Magnificat, untermauert die Abenteurerin nun selbstbewusst ihre Rolle in Gottes Plan im Weltgeschehen. Weiter malt sie mit ihren Worten eine Zukunftsperspektive, in der die Machtverhältnisse umgekehrt werden, in dem die Gewaltherrscher vom Thron geworfen und die Niedrigen erhöht werden. Maria besingt eine Revolution, in der die Hungrigen endlich satt werden und die Reichen leer ausgehen: »Gott stößt die Mächtigen vom Thron und erhöht die Niedrigen. Die Hungernden beschenkt er mit Gaben und lässt die Reichen leer ausgehen.« (Lukas 1,52–53)

Maria wird drei Monate bei Elisabeth bleiben, bevor sie den langen, riskanten Heimweg antritt.

Welche Worte würde Maria von Nazareth selbst über ihr Leben schreiben? Vielleicht wären es anstatt der Zuschreibung »Jungfrau« Worte wie: »Ich war stark. Unangepasst. Mutig. Ich bin Risiken eingegangen. Habe mich für ein uneheliches Kind entschieden. Ich hab mit jeder Faser meines Herzens an Gott geglaubt und daran, dass eine gerechtere Welt möglich sein muss, und dass ich einen Beitrag dazu leiste. Einen unerwartet heiligen Beitrag durch ein kleines Baby.«

Ich denke an die Intensität meiner eigenen Kindheitserinnerungen: Was wird wohl Jesus mit seiner Mutter in Verbindung gebracht haben? Schließlich ist sein Erbgut zur Hälfte das der Maria. Wie viel Maria steckt in Jesus nicht nur aufgrund ihrer DNA, sondern auch aufgrund ihrer Erziehung, ihrer Prägung?

Vielleicht hat er ihren Mut zum Abenteuer, im wahrsten Sinne des Wortes, bereits mit der Muttermilch aufgesogen. Liegt es nicht im Bereich des Möglichen, dass sie ihm von ihren Reiseerfahrungen erzählte, als sie seine kleinen Finger festhielt und er Schritt für Schritt laufen lernte? Waren es nicht zuletzt ihre Gebete, die Jesus gelehrt haben, dass es sich lohnt, für eine gerechtere Welt einzutreten, auch wenn alle Umstände dagegensprechen? Dass es Liebe ist und nicht Hass, die alles zu verändern mag?

Gott im Gegenteil von Verordnungen zu spüren — war dies auch vielleicht das wichtigste geistliche Erbe Marias an Jesus? Unterliegt auch Jesus dem Phänomen »Muttermorphose«? Also der mal mehr, mal weniger angenehmen Feststellung, dass man seiner Mutter im Alter immer ähnlicher wird? Sind seine revolutionären Ansichten vielleicht auch das Ergebnis der Erziehung seiner Mutter?

Die Bibel berichtet, dass die beiden es nicht immer einfach miteinander gehabt haben. Dass es handfeste Auseinandersetzungen gab, weit über meine Kiwiglas-Momente hinaus. Jesu Lebensführung als Wanderprediger missfällt der Familie. Genauer gesagt seinen bereits erwähnten Geschwistern. Laut des Evangelisten Markus hatte Jesus namentlich genannte Brüder und nicht weiter erwähnte Schwestern. Also mindestens zwei. Was auf mindestens sieben Kinder der Maria schließen lässt, die wahrscheinlich nicht alle vom Himmel gefallen sind.

So steht es zumindest in der Bibel bei Markus im 6. Kapitel, Vers 3. Als Jesus seinen Heimatort besucht, fragen sich die Leute: »Ist das nicht der Zimmermann, der Sohn der Maria und der Bruder von Jakobus, Joses, Judas und Simon? Leben nicht seine Schwestern hier unter uns?« (LUT)

Als Erstgeborener, dessen Verpflichtung es eigentlich war, zu heiraten und seine Sippe zu versorgen, einfach alle Zelte abzubrechen, ist ein nahezu skandalöses Verhalten in der damaligen Zeit. Aber sind es nicht häufig auch die Ähnlichkeiten im Wesen, die bei anderer Zielsetzung zum Disput führen?

Fest steht: Maria wird den Tod ihres Sohnes am Kreuz begleiten. Sie bleibt stark bis zum Ende, aus dem ein neuer Anfang entsteht.

Ein Foto von 1986. Ein Mosaik eigener Kindheitserinnerungen. Eine Marienstatue aus dem Mittelalter. Texte über eine Frau, die sich vor über 2000 Jahren auf eine »risikohaltige Unternehmung, eine gefahrenträchtige Reise aufmacht.«

Maria. So fremd. So nah.

Aus einem Impuls heraus google ich den Vornamen meiner Mutter: Marlies. Ich liebe es, die Bedeutungen von Namen zu erforschen. Es ist erstaunlich, was dabei herauskommen kann. Ich lese, dass »Marlies« eine Kurzform der Namen »Maria« und »Elisabeth« ist, und muss lächeln: Das Bedeutungsspektrum von »Maria«, welches die griechische Form von »Miriam« ist, reicht von »die Schöne« über »die Bittere« bis hin zu »die von Gott Geliebte«, »die Erhabene« und »die widerspenstig Seiende«. »Widerspenstig« gefällt mir besonders.

»Elisabeth« beginnt mit der Silbe *El*. *El* ist im Hebräischen eine Kurzform für den Begriff »Gott«, der in viele Vornamen Einzug erhalten hat. Meist bildet der Name dabei einen ganzen Satz. So heißt beispielsweise der Name »Micha-el« übersetzt: »Wer ist wie Gott«. Oder der Name »Immanu-el«: »Gott ist mit uns«. In »Elisabeth« ist das hebräische Wort »El«, für Gott, verwoben mit den Elementen von Glück, Vollkommenheit und Segensfülle.

Eine Kombination aus »Maria« und »Elisabeth« wäre somit: »widerspenstige Segensfülle«.

Was für ein abenteuerlicher Gedanke.

KAPITEL 4

DIE PASTORIN UND DAS LVSTPRINZIP

»Ich hab da eventuell noch einen Anschlag auf dich vor!«

Es ist Sonntagabend. Der 17. Mai 2020. Ein Abend in Wien, der schöner kaum sein könnte. Der erste harte Lockdown ist vorerst gebannt. Zumindest gefühlt. Von den folgenden wissen wir noch nichts. Ist vielleicht auch besser so. Theresa Lachner und ich sitzen auf der Wiese des Sigmund-Freud-Parks vor der Votivkirche, nahe der prunkvollen Ringstraße. Mit Blick auf die Universität. Um uns herum sitzen und liegen zahlreiche Gruppen mit maximal drei Leuten auf Abstand. Wieder Menschen treffen zu dürfen ist aufregend. Menschen das erste Mal zu treffen, grenzt an eine Herzattacke. Und dann auch noch Theresa.

Trotz des allgemeinen Hochgefühls entlädt sich die kollektive »Sehen-s-Sucht« bei den Menschen eher zaghaft. Freudige Vorsicht liegt in der lauen ersten Sommerluft. Die Temperatur liegt bei seriösen Outfits mit leichten Jäckchen und rosafarbenen Getränken.

Die zwei Türme der Votivkirche ragen hinter uns empor. Mein Herz Kölner Abstammung bekommt jedes Mal akute Heimatgefühle beim Anblick des neugotischen Sakralbaus im 9. Wiener Gemeindebezirk, der mich stark an den Kölner Dom erinnert. Wie sehr ich Köln liebe, habe ich nochmal ganz neu aus der Ferne erfahren. Schön, dass es hier Ersatz-Domspitzen gibt. Eben nur etwas kleiner. Dafür schimmert die Votivkirche fast surreal weiß im Kontrast zur grünen Wiese und den Bäumen des freudschen Parks zu ihren Füßen.

Passend zur Feier des Abends liefert der Wiener Himmel standesgemäß sein blau-rot-lila-goldenes Farbenspiel. Als ob die Stadt nicht ohnehin schon absurd, nahezu unverschämt schön ist, legt der Himmel abends fast immer noch eine Schippe drauf. Eine Art himmlischer Dimmer, der die lebenswerteste Stadt der Welt final in ein majestätisches Licht taucht. Als der liebe Gott urbane Bescheidenheit verteilt hat, hat sich Wien definitiv ganz weit hinten angestellt.

Dafür war ich umso bescheidener, nahezu ehrfürchtig, zu dieser ersten Verabredung gegangen. Einige Monate zuvor hatte ich Theresas Buch zu ihrem gleichnamigen Blog LVSTPRINZIP gelesen.[4] Seitdem war ich ein seelisch verbundenes Fangirl. Theresa ist der Wahnsinn, und sie ist gefühlt alles. Journalistin. Speakerin. Gründerin mit zwei Studienabschlüssen. Literatur- und Kommunikationswissenschaften. Als Digitalnomadin hat sie in sechsunddreißig Ländern gelebt, geliebt und gearbeitet. Sie ist systemische Sexualberaterin und hat mit LVSTPRINZIP den größten Sex-Blog im deutschsprachigen Raum ins Liebesleben gerufen.[5] Ein »Freiraum für sexuelle Gedanken«, wie es in der schwarz-apricotfarbenen Selbstbeschreibung auf der Homepage heißt. Ich würde es auch Schutzraum nennen. Schutzraum für Fragen. Sehnsüchte. Für Zweifel. Mut und Ermutigung. Für Aufklärung. Für Grenzen und Grenzgänge. Für Liebe. Für Sex in allen möglichen Konstellationen und Spielarten. Ein freier Schutzraum für Echtes. Für Ehrliches. Außerdem kommt in ihrem Buch dieselbe Leidenschaft für Crémant zutage, die auch ich hege und die ich für einzig angemessen finde. Crémant, ehrlich geschriebene Bücher und ein Frühsommerabend in Wien. Es gibt schlechtere Ausgangspunkte für erste Treffen.

Was mich an Theresas Buch faszinierte, war nicht die schonungslose, sondern die schonungsvolle Ehrlichkeit. Ehrlich mit (und über) sich selbst und andere zu schreiben und zu reden. Schönes und weniger Schönes zu teilen. Mit Bedacht und Gefühl. Fragen an das Leben zuzulassen und Fragen offenzulassen. Ein durchaus spiritueller Lebens-, Liebes- und Reisebericht mit Seele und Mut. Ein bisschen wie in Elizabeth Gilberts Bestseller-Roman »Eat, Pray, Love«.[6] Mit mehr Berlin und Pommes. Sex kommt auch drin vor. Wobei Theresa bei dem »Eat, Pray, Love«-Vergleich wahrscheinlich mit den Augen rollen und »Ach, Ungewitter« seufzen wird. Aber das riskiere ich an dieser Stelle.

Dafür geht die nächste Flasche flüssige Sterne auf mich, die wir hoffentlich auf das Erscheinen des Buches trinken werden. Ich liebe das Bild der flüssigen Sterne, das auf den Mönch Dom Pérignon zurückgeht. Als dieser im Weinkeller seines Benediktinerklosters das erste Mal seinen flaschengegorenen Schaumwein probierte, soll er seine Mit-Mönche mit den Worten gerufen haben: »Kommt schnell. Ich trinke Sterne.« So wurde der Champagner, der große Bruder des Crémants, in einem Kloster geboren.

Womit wir uns meinem Erstlingswerk nähern. Unter der inoffiziellen Überschrift *Drink. Pray. Love.* ... habe ich das Motto meines Seelenlebens ebenfalls 2019 gleichzeitig mit Theresas Buch LVSTPRINZIP der Öffentlichkeit in biografischer Buchform zugänglich gemacht. Offiziell lautete der Titel allerdings »Roadtrip mit Gott«.[7] Mein Buch ist der Versuch, Freiheit, Abenteuer, Glauben und die Liebe zu meinem VW T3 Bus »Karlchen« zu kombinieren. Das Motiv der Straße auch als Sinnbild für den eigenen Lebensweg verbindet die Themen miteinander. Außerdem finde ich es interessant, dass, bevor es den Begriff »Christen« gab, die ersten Christinnen und Christen sich als »die auf dem Weg Seienden« bezeichneten. Nicht zuletzt hat Jesus sich selbst ebenfalls unter anderem als »Weg« bezeichnet.

Ich mag das Bild des Weges bzw. der Straßen. Mit all ihren Umwegen. Kurven. Serpentinen. Steigungen und Gefällen. Einbahnstraßen und Umwegen. Eine Instagram-taugliche Metapher für das Leben. Aber auch für meinen Glauben an Gott mit all seinen hoffnungsvollen Aussichtspunkten und zweifelhaften Verirrungen hin zu Zielen, mit denen man nie gerechnet hat.

Somit ist auch mein erstes Buch eine Art Lebens-Reisebericht, in den theologische Erkenntnisse eingewoben wurden. Oder um mein hart erschummeltes Latinum einmal zu bemühen: *Sola experientia facit theologum.* Die Erfahrung allein macht den Theologen. Das gilt meines Erachtens fast immer, wenn es um Überzeugungen und Lebenseinstellung geht. Oder um jetzt auch noch Goethe zu bemühen: »Was ich nicht erlernt habe, das habe ich erwandert.« Oder eben »er-fahren«.

Der Roadtrip-Bericht meines Lebens beginnt mit den ersten Urlaubsfahrterinnerungen meiner Kindheit, einer gläubigen Mutter und einem agnostischen Vater. Die Straße schlängelt sich durch die Zeit als schlechte Schülerin einer katholischen Mädchenschule. Macht rastlos Rast bei vielen Partys ohne Reue. Bis die Straße zur Seestraße wird und ich mich mit neunzehn Jahren tellerspülend auf einem Krankenhausschiff in Honduras wiederfinde. Zurück im Heimathafen Köln trifft mich meine Orientierungslosigkeit so hart, dass ich beinahe was mit Rechnungswesen gemacht hätte. Gott sei Dank wurde aus der kaufmännischen Einbahnstraße dann doch noch der holperige, aber wunderschöne, verschlungene Weg der Theologie.

Aber nicht ohne einen weiteren Umweg über eine Kindertagesstätte in den brasilianischen Favelas. Läuse kämmen und backpacken. Mit im Rucksack eine neue selbstbewusste Freiheit. Von Rio nach Bonn. Zurück im Rheinland hieß es dann: auf der rechten Spur mit Tempo 80 durch die evangelische Theologie. Parallel auf der Überholspur mit Tempo 180 an den Kölner Theken. Egal ob Bar oder Club oder Eckkneipe. Wer studieren und feiern kann, muss auch arbeiten. Leider. Als Stadt- und Museumsführerin im Schokoladenmuseum verdiente ich das Spritgeld für den ersten VW-Bus. Surftrips inklusive. Ein sieben Jahre lang besetzter Beifahrersitz. Wer da neben mir saß, ist ein ehrgeiziger Arzt. In allem das Gegenteil von mir. Dafür haben wir es lange hinbekommen. So richtig ernst mit Altbauwohnung und Stamm-Italiener.

Auf einen überraschend »sehr guten« Studienabschluss folgt ein Arbeitsverbot als Pastorin. Eine künftige Pastorin, die mit einem »Heiden« unverheiratet zusammenlebt??! Ein klarer Verstoß gegen die kirchliche Straßenverkehrsordnung. Gleichzeitig fährt die Beziehung auch ohne kirchlichen Druck gefährlich nah am Abgrund. Bis sie die letzten Leitplanken durchbricht und aus der Kurve fällt. In derselben Woche wird mir der Bus – die Freiheit auf vier Rädern – gestohlen. – Totalschaden auf ganzer Linie.

Dazu die Frage aus dem inneren Navigationsgerät am Ende des Studiums: Will und kann ich überhaupt Pastorin werden? Die projekt:gemeinde in Wien sagt nach einem Praktikum: »Ja.« Ich auch. Eine große Krise als Wendepunkt zum Guten. Eine Reiserücktrittsversicherung brauche ich nicht. »Kein fester Wohnsitz mehr in Deutschland«, konstatiert der Aufkleber auf meinem deutschen Personalausweis.

Die Panorama-Autobahn nach Österreich wird zur größten Achterbahnfahrt meines Lebens. Freie Fahrt voraus mit »Karlchen«, dem neuen Bulli. Reisen mit 71 PS und die schönsten gelb-orange-roten Rallystreifen der Welt.

Die neue Reisefreiheit führt zu Mitfahrgelegenheiten. Wegbegleiter:innen und Tramper:innen. Zu neuen Abenteuern quer durch Europa und zu einer Kirche, wie ich sie mag. Offen und liebevoll. Chaotisch und versessen auf Freiheit. Ein Roadtrip mit Höhen und Tiefen und unzähligen Gottesmomenten, oder zumindest göttlichen Momenten. Dazu Pommes, Crémant und Frikadellen mit Fremden. Freunden und Familie. Oder manchmal ganz allein.

Vielleicht rührte meine anfänglich einseitige seelische Verbundenheit mit Theresa auch daher, dass ich nach der Lektüre von LVSTPRINZIP dachte, hier könnte es sich um einen Menschen handeln, der dieses Lebensereignis »Buch« versteht. Sucht man nicht immer intuitiv nach Menschen, die den ähnlichen Lebensabschnitt oder große Ereignisse teilen?

Natürlich sind die Bücher von Theresa und mir vollkommen unterschiedlich. Aber sie teilen eine Idee. Die Idee, dass geteiltes Leben neue Perspektiven eröffnen kann. Dass Begegnungen – vor allem ehrliche Begegnungen –, und seien sie nur auf Papier, eine verändernde Wirkung haben.

Durch eine gemeinsame Freundin, bei der wir beide als Gast in ihrem Podcast waren, entstand der Kontakt. Zu meiner Überraschung wohnt Theresa auch in Wien, ich hatte sie auf Anhieb in Berlin verortet.

Zu meiner Fangirl-Aufregung kam on top noch mein normaler heiliger Sonntagsstress, wenn ich mit der Predigt dran bin. Auch nach sechs Jahren Berufserfahrung ist das Predigen immer noch eine besondere Sache. Ich bin zwar routinierter. Aber jenseits von Routine.

Jetzt liegt der Abendgottesdienst unter hohen Corona-Sicherheitsauflagen und die Predigt über zweifelnden Glauben und glaubendes Zweifeln hinter mir. Dann heißt es Amen und los. Feierabend. Noch schnell bei *Wein&Co* eine Flasche Rosé-Sekt kaufen, da kein kalter Crémant vorrätig war. Man muss die Feste trinken, wie sie fallen.

Treffpunkt U-Bahn-Haltestelle Schottentor. Eine Pastorin und eine Sexkolumnistin. – Ein Szenario, das sich wie der Auftakt für einen Witz anhört. Kein Witz. Aber maximal witzig.

Da ich kurzsichtig bin, zu faul für Kontaktlinsen und häufig zu eitel für eine Brille, bin ich froh, dass ich Theresa erkenne. Mit ihren nahezu ikonischen blonden Locken erkenne ich sie sogar schon von weitem. Das Masken-Abnehmen fühlt sich trotz Test und Erlaubnis im Freien merkwürdig an. Unter Theresas Corona-Maske mit Bergpanorama-Motiv verbirgt sich roter Lippenstift mit einem Hauch pink. Jetzt stehen wir beide ganz in schwarzen, lässig-seriösen Allrounder-Outfits an der Bahn. Theresa ebenfalls eine Flasche Rosé in der Hand. – Rosafarbene Getränke. Schwarze Outfits. Lippenstift und Fingernägel farblich abgestimmt. Die nonverbale Kommunikation hat schon mal funktioniert.

Das Post-Predigt-Adrenalin rotiert in mir. Ich rede sprudelnd drauflos. Später erzählt sie mir, dass sie von meiner seriösen Art anfänglich etwas eingeschüchtert war. Wie häufig doch Selbst- und Fremdwahrnehmung auseinanderklaffen.

Smalltalkend und belustigt über unsere herrenwitzartige Situation schlendern wir zur Wiese des Parks rüber: Treffen sich eine Pastorin und eine Sexkolumnistin im Sigmund-Freud-Park. Theresas schwarze Kapuzenjacke und mein dünner olivgrüner Parka werden zur Picknickdecke. Und mit einem gebührenden *Plopp* und irgendeinem dummen Spruch zum Thema Trinken öffne ich die Flasche, während Theresa zwei Gläser aus ihrer Tasche zieht. Nach dem Motto »Einschenken ist auch schenken« befülle ich die Gläser, die melodisch klirren. Wir stoßen an und trinken auf die Liebe, auf das Live-Treffen und den IDAHOBIT, den Internationalen Tag gegen Homo-, Bi-, Inter- und Transphobie, der jedes Jahr am 17. Mai gefeiert wird und der zufällig auch noch auf den heutigen Tag fällt. Als Pastorin einer von zwei Freikirchen in Österreich, die queere Personen uneingeschränkt willkommen heißt, habe ich den Tag bereits ausgiebig bei Instagram zelebriert. Theresa sowieso.

Vor einem goldenen Sonnenuntergang im Wiener Sigmund-Freud-Park zu den Füßen einer weißen Kirche am Ende des Lockdowns, datiert am IDAHOBIT, trifft LVSTPRINZIP auf »Roadtrip mit Gott«. Wenn Gott die Regisseurin dieser Szene wäre, hätte sie diese nicht besser skripten können.

Und mit den zwei perlenden Gläsern in der Hand reden wir. Klar geht es auch um den zurückliegenden Lockdown. Über die Vor- und Nachteile, in so einer Zeit Single zu sein. Was wir beide damals waren. Wir kommen dann schnell zum Thema Tinder beziehungsweise Online-Dating im Allgemeinen. Als die App im Jahr 2012 auf den Markt kam, war Theresa eine der ersten deutschsprachigen Journalistinnen, die das Swipe-System testete und darüber schrieb. Ich war beim Online-Dating eher eine Spätzünderin. Dass ich als Pastorin auch tindere, wundert Theresa nicht. Zumindest lässt sie das unkommentiert. Aber ich habe das Gefühl, dass es sie beruhigt, oder mich zumindest mehr wie einen normalen Menschen wirken lässt.

Wir unterhalten uns darüber, wie das jeweilige Gegenüber reagiert, wenn wir bei einem Date erzählen, was wir beruflich machen. Die Reaktionen sind natürlich unterschiedlich, ähneln sich aber insofern, als dass wir häufig recht schnell nach unserer Sexualität gefragt werden. Wenn man über Sexualität bloggt und ein Buch über Lust schreibt, ist das vielleicht naheliegend. Aber auch ich werde nicht selten im zweiten Satz gefragt, ob ich heiraten darf. Sozusagen die höflichere Form, sich nach meinem Sexualleben zu erkundigen. Häufig wird die Frage aber auch direkt gestellt. Darfst du Sex haben?

Dem zugrunde liegt die Vorstellung des zölibatär, also ehelos lebenden, katholischen Priesters. Im Protestantismus ist es aber nicht nur so, dass anders als in der katholischen Kirche auch Frauen als »Geistliche« ordiniert werden, meine Kolleg:innen und ich dürfen auch heiraten und über unsere Sexualität selbst bestimmen. Welche Konsequenzen gerade Letzteres für jede persönlich hat, ist trotzdem sehr unterschiedlich. Ich kenne Kolleg:innen, die ausschließlich in der Ehe oder in einer festen Partnerschaft sexuell aktiv sind. Genauso gibt es Pastor:innen, die ihre Sexualität freier leben.

Wenn Theresa von ihrem Beruf spricht, kann man den Eindruck gewinnen, dass viele Menschen erstmal eingeschüchtert sind. Mit einer Frau, die vielleicht auf mehr sexuelle Erfahrung zurückblicken kann und mit absoluter Sicherheit über mehr Fachwissen verfügt, kann vielleicht nicht jede:r umgehen.

Im Laufe des Gesprächs entdecken wir aber auch noch eine weitere Gemeinsamkeit. Nämlich, dass wir mit Menschen häufig schneller über elementare Themen wie eben Glaube und Sexualität ins Gespräch kommen. Unsere Berufe und Expertisen eröffnen somit auch Möglichkeiten.

So liegen die Themen Glaube und Sexualität näher beieinander, als man auf den ersten Blick erahnt: »Ob es ein Zufall ist, dass eine der frühen, detaillierten schriftlichen Überlieferungen des weiblichen Orgasmus von der Nonne Hildegard von Bingen, einer der mächtigsten Frauen des Mittelalters, niedergeschrieben wurde?«, werfe ich ein. Ich freue mich sehr darüber, die Orgasmus-Anekdote der Ordensfrau zum Besten zu geben. Theresa holt sich einen Block aus der Tasche und notiert sich »Hildegard von Bingen« und »Orgasmus«. Ob Zufall oder nicht, wir beide mögen den Gedanken, dass der weibliche Orgasmus hinter Klostermauern Beachtung gefunden hat.

Wir unterhalten uns eine Flasche Sekt lang weiter über Gott und die Welt. Wir tauschen uns über das Reisen aus. Wir stellen fest, wie sehr wir beide Wien lieben mit seiner entschleunigten Art. Es ist ein richtig schöner Abend, und obwohl wir uns nicht mal eine Stunde kennen, hoffe ich, dass wir Freundinnen werden.

»Ich finde es krass, was einem Leute alles anvertrauen«, sagt sie. Ich nicke und erzähle, wie oft Menschen, die ich spontan in einer Bar getroffen habe, schon angefangen haben zu weinen, weil sie meinen Beruf der Pastorin sofort mit einem Trauerfall in Verbindung gebracht haben. Entweder weil sie bei einer Beerdigung das letzte Mal mit einer zu tun hatten oder weil sie einfach nur über die Trauer sprechen wollten.

Einen Moment lang schweigen wir. Etwas, das wir schnell gut zusammen können. Schweigen, wenn etwas so anrührend ist, dass weitere Worte nicht nötig sind. Aber auch Aushalte-Schweigen, wenn es auf große Fragen gerade keine gute Antwort gibt. Dafür schütte ich etwas Sekt nach.

Wir beide werden in unseren Berufen mit den höchsten Höhen und dem Schlimmsten konfrontiert: Wahnwitzig guter Sex und Vergewaltigung. Spirituelle Höhepunkte oder den Verlust von allem, woran ein Mensch jemals geglaubt hat. Eben alles Greifbare und Ungreifbare zwischen Leben und Tod.

Langsam wird es etwas kühler. Und die Picknickdecken werden wieder zu Jacken. Die zweite Flasche, ein Rosé, wird aufgemacht. Das wärmste Jäckchen ist schließlich immer noch das »Con-Jäckchen«. Wir reden, tauschen uns darüber aus, wie krass das Gefühl ist, ein Buch geschrieben zu haben und dabei etwas von sich so bewusst gezeigt zu haben. Wie man sich gleichzeitig so stark und vulnerabel fühlen kann. Was es mit uns macht, wenn wir Reaktionen anderer Menschen bekommen, denen unsere Bücher geholfen haben. Diese Mischung aus Stolz und Verlegenheit. Zwischendurch sind wir auch einfach immer wieder für einige Momente komplett still.

Tinder. Tod und Trinken. – Es ist diese spezielle Energie von Menschen, die sich mit allen Mitteln dagegen wehren, ein »un-gelebtes« Leben zu leben. Wir beschließen, den Abend mit Pommes ausklingen zu lassen. Große Getränke. Große Gefühle. Gott. Die Liebe. Und Pommes.

Wir entsorgen die beiden leeren Flaschen und schlendern kichernd über die Ringstraße zu McDonalds, um das Vorhaben in die Tat umzusetzen, und lassen die Votiv-Kirche und den Freud-Park beseelt zurück.

Theresa erzählt mir von ihrem neuen Projekt, das sie gerade gemeinsam mit einer Freundin startet. Auf den LVSTPRINZIP-Blog und das gleichnamige Buch folgt nun der Podcast unter der Leitfrage: »Wer ist eigentlich dieser Sex?« Die Idee: Mit unterschiedlichsten Leuten über das Phänomen Sex zu sprechen. Mit dabei sind unter anderem eine professionelle Kuschlerin. Und die *godmother* und Autorin von *Sex and the City*, Candace Bushnell, deren Buch als Vorlage für die gleichnamige Fernsehserie diente. Was wären wir ohne Carrie Bradshaw?

Ich fummle die letzten Pommes aus der Packung, als Theresa meint: »Ich hab da eventuell noch einen Anschlag auf dich vor!« – Und ich ahne bereits, in welche Richtung es gehen könnte.

Ein paar Tage später erfolgt der angekündigte »Anschlag«. Theresa ruft mich an und fragt, ob ich Lust hätte, in ihrem neuen Podcast dabei zu sein. Es geht um nichts Geringeres als die Fragen: Wer ist eigentlich dieser Gott? Und was hat er mit unserem Sexleben zu tun? Gott sieht alles. Ist das der Grund, warum so viele Menschen beim Orgasmus seinen Namen rufen? Und wenn er uns liebt, genauso wie wir sind, was hat er dann eigentlich gegen Homosexualität, Masturbation, Verhütung oder selbstbestimmte Weiblichkeit? Kann Sex auch ein Gebet sein? Und wie kinky ist die Bibel? Um mich auf das Gespräch vorzubereiten, lese ich nochmal einiges an theologischer Literatur rund um die Themen Liebe, Sex und Zärtlichkeit.

Besonders angetan hat es mir die Recherche zum »Hohelied«, ein hoch erotischer Text aus dem Alten Testament.

Das »Lied der Lieder«, wie die eigentliche Übersetzung lautet, ist ein Liebeslied der besonderen Art. Natürlich kenne ich den Text. Im Sinne, dass ich ihn irgendwann mal gelesen habe. Ich weiß, dass er schön und besonders ist. Dass es dabei um ein Liebespaar geht, das sich recht blumig austauscht. In meinem Kopf hängt noch der Gedanke, dass es sich dabei um eine Allegorie, also eine Art Sinnbild für die Beziehung Gottes mit seinem Volk bzw. mit der Kirche handelt. Meines Erachtens eine eher komische Vorstellung. Aber wer weiß?! Bis dato habe ich mich aus unerfindlichen Gründen noch nie theologisch tiefgehender mit diesem Liebespaar auseinandergesetzt. Aber alles hat seine Zeit. Heute ist der Tag für das Lied der Lieder. Schon der Titel ist ein Superlativ.

Ich setze mich an meinen Tisch in der Küche mit Blick auf die Kastanie im Innenhof. Die Laubkrone ist in den letzten Tagen nahezu explodiert. Eine Blätterranke vom wilden Wein, der mit dem Efeu ein Wettrennen an der Hausfassade führt, fällt unverhohlen kitschig in mein Wiener Doppelfenster.

Ich blättere in meiner alten Lutherbibel. In den zwei Wochen ist aus dem lauen Sommeranfang die Temperatur für ein gelbes Sommerkleid geworden. 29 Grad, und es ist erst Mittag.

Das Buch mit dem schwarzen Ledereinband habe ich als Kind von meiner Mutter bekommen. Da war ich vielleicht zehn oder elf. Es war ein besonderer Moment. Selbst lesen, selbst versuchen begreifen zu können, an was ich meine zu glauben. Ein Moment der Erhabenheit, mir nun selbst ein Bild machen zu können. Vielleicht bin ich wegen solcher Momente die, die ich bin. Weil meine Mutter mir im Leben und im Glauben immer wieder gleichzeitig Wurzeln und Flügel geschenkt hat.

Auf der Rückseite des Bucheinbandes klebt ein Aufkleber, der vor einigen Jahren in der Robinson Bar in München auslag: »ES ESKALIERT EH.« Meines Erachtens fasst das die »Heilige Schrift« an vielen Stellen ganz gut zusammen. Dem Alter und den Kilometern entsprechend sieht die weitgereiste Bibel auch nach Eskalation aus. Manche Seiten sind lose. Einige fallen raus. Nicht weil ich so eine fleißige Leserin war oder bin. Sondern weil mich das Buch als eine Art Vademecum um die halbe Welt begleitete. Seine Anwesenheit beruhigte mich. Eine heilige Reisebegleiterin.

Jetzt blättere ich mich durch die cremefarbenen, hauchdünnen Seiten. Die großen schwarzen Kapitelzahlen wirken vertraut, genauso die Eselsohren. Das Buch ist an einigen Stellen voll mit Notizen. In Regenbogenfarben. Getextmarkerte Passagen. Kuli-Kritzeleien und Bleistift-Bemerkungen. Rund 25 Jahre Randnotizen voller Sehnsüchte, Hoffnungen und immer wieder Fragezeichen. Fragezeichen an Texten, die ich nicht verstanden habe, oder Stellen, die mich befremden.

Anders als in Traditionen, wo schon das Buch allein als Gegenstand eine gewisse Ehrfurcht genießt, in das man nie hineinschreiben würde, ist es in der protestantischen Glaubenspraxis, aus der ich komme, ein Ausdruck von tiefer Auseinandersetzung und Respekt, mit dem Buch »zu arbeiten«.

Seite 657. Ich finde den Text, und es fühlt sich ein wenig so an, als ob man einen uralten Liebesbrief inmitten von Steuererklärungen findet. Vergleichbar mit einer unerwarteten Tür in einen geheimen Garten. Ein Sprung, oder besser fast ein Fallen hinein in eine andere

Welt. Eine Welt, die versucht, mit Worten Bilder über die Liebe zu malen. Ein verbales Gemälde voller Farben und Erotik.

Aus literarischer Perspektive handelt es sich bei dem Text um gleich mehrere ineinander verwobene Liebeslieder, die in einem Fluss gelesen werden wollen. Es ist vielleicht eines der schönsten Stücke erotisch-religiöser Weltliteratur überhaupt und enthält altorientalische und ägyptische Einflüsse. Ein Text in Bewegung auf gerade mal knapp fünf zarten Seiten. Ein literarischer Rausch der Gefühle. Ohne Crémant, dafür aber mit viel Wein in und zwischen den Zeilen.

Als könnte man sich an der Sinnlichkeit betrinken. Ein erotischer Tagtraum in verschwenderischer Lautmalerei. Wie bei einem Kunstwerk oder dem Blick in einen Wolkenhimmel bleibt es dabei der Leser:in überlassen, ob und wo sie in den Traum einsteigt, oder es vielleicht ganz sein lässt.

Inhaltlich handelt es sich um die Liebes-, Leidens- und Sehnsuchtsgeschichte eines jungen Paares. Ein Paar, das sich schon viele Male heimlich getroffen hat und sich nun nicht mehr findet. Das Paar schwelgt in Erinnerungen. Es wirkt fast wie eine moderne Musicalszene. In der ein voneinander getrenntes Paar an unterschiedlichen Orten, aber zur gleichen Zeit, ein Lied anstimmt. Interessant ist dabei, dass es vor allem die weibliche Stimme ist, die den lyrischen Text dominiert.

So beginnt das Lied der Liebe mit der selbstbewussten Stimme einer Frau: »Mit Küssen seines Mundes bedeckt er mich. Süßer als Wein ist deine Liebe.« (Hohelied 1,1)

Sulamith ist ihr Name. Ihre selbstbewusste Stimme gibt den Ton an. Obwohl die biblische Figur des König Salomon als der Verfasser gilt, ist im Rahmen der Möglichkeiten auch an eine weibliche Verfasserin zu denken. Selbst wenn es sich um kein Pseudonym handelt, ist der Gedanke aufgrund der weiblichen Dominanz erlaubt. Außerdem wissen wir, dass Frauen im Altertum, zumindest in einer gewissen gesellschaftlichen Schicht, Lyrik verfasst haben.

Die berauschende Fülle der Bilder ist dem poetischen Stilmittel des Parallelismus membrorum zu verdanken. Hierbei wird in aufeinanderfolgenden Zeilen dasselbe Motiv wiederholt: »Mein Haupt ist voll Tau. Und meine Locken voll Tropfen der Nacht.« (Hohelied 5,29)

In jedem Fall ist die Darstellung des Paares in ihrer Beziehung zueinander egalitär. Auf Augenhöhe. Das Paar sucht einander in der Szenerie des alten Jerusalems. Immer wieder ist die Rede von Weinbergen und der Sehnsucht nach dem gemeinsamen Liebesnest im Freien. Dabei wird der aufmerksamen Leserschaft eine gewisse Doppeldeutigkeit nicht entgehen, beispielsweise wenn Sulamith den Wunsch äußert, ihr Geliebter möge wieder ihren Garten betreten: »Steh auf, Nordwind, und komm, Südwind, und wehe durch meinen Garten, dass der Duft seiner Gewürze ströme! Mein Freund komme in seinen Garten und esse von seinen edlen Früchten.« (Hohelied 4,16, LUT) Ein grünes Lager unter Zedern und Zypressen. Der Ort, an dem sie vereint sein können.

Auch das Haus ihrer Mutter wird als Ort der Begegnung besungen, in den Sulamith ihren Geliebten heimlich hineinlässt: »Mein Freund steckte seine Hand durchs Riegelloch, und mein Leib bebte ihm entgegen. Da stand ich auf, dass ich meinem Freunde auftäte; meine Hände troffen von Myrrhe und meine Finger von fließender Myrrhe an den Griffen des Riegels.« (Hohelied 5,4, LUT)

Aber warum haben sie sich verloren? Die Heimlichtuerei legt nahe, dass die beiden unverheiratet sind. Ist dies vielleicht der Grund? Ein verheiratetes Paar würde im Haus beziehungsweise im Familienverband einer der Familien leben. Traditionell in der des Ehemanns. Wobei auch hier die Bibel immer wieder Ausnahmen kennt. In jedem Fall müsste ein verheiratetes Paar sich nicht verstecken oder sich suchen müssen. Und eine verheiratete Frau würde nicht von ihren Brüdern oder der Stadtwache drangsaliert, wenn sie mit ihrem Mann zusammenkommt: »Meiner Mutter Söhne zürnten mit mir. Sie haben mich zur Hüterin der Weinberge gesetzt; aber meinen eigenen Weinberg habe ich nicht behütet.« (Hohelied 1,6, LUT)

All dies schildert der Text, der in Teilen wie eine Oper inszeniert wirkt, in dem wechselnde Stimmen und gar ein Chor die Leidenschaft, das Suchen und Finden und die Sehnsucht besingen. Ausgeschmückt mit der Bildwelt der altorientalischen Flora und Fauna. Nicht alle Metaphern erschließen sich der heutigen Leser:innenschaft sofort. Dennoch ist es bewusst so konzipiert, dass es auch tausende Jahre später die Fantasie anregt.

So besingt der junge Mann, dessen Name verborgen bleibt, ihre Schönheit, gleich der der Anemonen, und sehnt sich nach den scharlachroten Lippen ihres lieblichen Mundes. Sie ihrerseits schwelgt in einer Erinnerung, in der ihr Geliebter wie ein Beutel Myrrhe zwischen ihren Brüsten ruht. Wie ein junger Hirsch auf den Balsambergen ist seine Erscheinung stolz und schön, mit Locken so schwarz und glänzend wie das Gefieder eines Raben. Seine Schenkel sind Marmorsäulen auf Sockeln von Feingold. Seine Gestalt ist wie der Libanon, erlesen wie Zedern, wie es im fünften Kapitel heißt. Auch der männliche Protagonist sehnt sich nach dem Körper seiner Freundin: Ihr schöner Hals wie ein königlicher Turm – ein Bild für ihre stolze Gestalt. Augen wie Tauben soll die Schöne haben. Hier könnte sich auch eine Anspielung auf die ägyptische Liebesgöttin verbergen, deren Botentiere eben diese Vögel waren.

Er besingt die Schönheit ihrer kleinen Brüste, die wohltuender sind als Wein. Auch sonst mangelt es ihm nicht an blumigen Beschreibungen: »Dein Schoß ist ein rundes Becken, Würzwein mangle ihm nicht. Dein Leib ist ein Weizenhügel, mit Lilien umstellt.« (Hohelied 7,3) Und er vollendet seine Ode an seine Geliebte mit der Feststellung: »Alles an dir ist schön, meine Freundin. Kein Makel haftet an dir.« (Hohelied 4,7, EÜ) Oder wie die Theologin Irmtraud Fischer in einem Vortag gesagt hat: »Durch den Blick der Liebe füreinander ist nichts defizitär.«

Mich erstaunt, wie positiv und selbstbewusst Sulamith in dem Lied auch immer wieder über sich selbst und ihren Körper spricht. *Body Positivity* mitten in der Bibel. Ganz anders als ich es von mir oder meinen Freundinnen kenne, die ihre eigenen Körper häufig kritisch betrachten.

Zeilen von Frühling, von vergangenem Regen und wärmender Sonne, von süßem Honig und nährender Milch. Der intensive Geschmack von Granatäpfeln und der feine Geruch erlesener Salben. Sowie der Wunsch, den jeweils anderen ersehnten Menschen mit Gold und funkelnden Edelsteinen zu beschenken, runden das Lied, das alle Sinne anspricht, ab.

Als würde man sich durch eine Bilderausstellung der Lebenslust lesen, die eine Kette eigener Bilder und Gefühle auslöst: Zärtlich. Erotisch. Explizit. Feinsinnig. Dann wieder nahezu schüchtern. In aller Deutlichkeit mehrdeutig. Eine archetypische Hymne der Sehnsucht, der Körperlichkeit und Hingabe, die zahlreiche Werke der Kunst, Musik und Literatur beeinflusst hat. Es ist ein Vermächtnis des Judentums, wie so vieles auf dieser Welt.

Auch das Hebräische des Originaltextes ist ein verbaler Schatz, dessen Schönheit im Deutschen kaum wiederzugeben ist. Wo das Deutsche sich mit solchen verbalen Ausfällen wie »Geschlechtsverkehr«, »Akt« oder »Beischlaf« zufriedengeben muss, ist das Hebräische ganz anders. Hebräisch ist die Ursprache der Heiligen Schrift. Vielleicht sogar die Ursprache Gottes. Und diese Sprache hat für Sex das wunderschöne Wort: *yada*. Das beutet »sich erkennen«. Im Sinne von sich gegenseitig wahrnehmen. Sich sehen. Einander tief fühlen und ergründen. Der Moment, wenn man beginnt, den Körper des anderen zu erkunden. Fasziniert sein von der Auswirkung von Berührungen. Gänsehaut. Sich an einem Hals festriechen. Atem spüren.

Diese ersten Blicke der Fassungslosigkeit über so viel Glück. Ertasten. Erschmecken. Die Aufregung des anderen am Herzschlag spüren. Wenn Oxytocin und Dopamin ein Wettrennen durch die Blutbahn veranstalten. Es ist Begeisterung. All dies ist *yada*. Ich erkenne dich. Ich erkenne mich. Ich erkenne uns.

Begehren wird fühlbar. Ein großes: Wir beide. Miteinander und nicht gegeneinander schlafen. Selbstbestimmt und mutig.

Ich glaube, Selbstbestimmtheit fordert auch heute noch Mut zur eigenen Macht. Zudem unterstreicht das Lied der Lieder die Lust, das Vergnügen an Sexualität, die in kirchlichen Kreisen häufig nur als Mittel zum Zweck der Fortpflanzung propagiert wird. Die Bibel appelliert hingegen an ein intensives Lebens- und Liebesgefühl und kennt auch den Schmerz, wenn dies nicht oder nicht mehr erfüllt wird.

Dabei steigert sich das heftige Verlangen des sich suchenden Paars zum Höhepunkt. Im 8. Kapitel. Hier heißt es ab Vers 6: »Leg mich wie ein Siegel auf dein Herz, wie ein Siegel an deinen Arm! Denn stark wie der Tod ist die Liebe, die Leidenschaft ist hart wie die Unterwelt. Ihre Gluten sind Feuergluten, gewaltige Flammen. Auch mächtige Wasser können die Liebe nicht löschen; auch Ströme schwemmen sie nicht weg. Böte einer für die Liebe den ganzen Reichtum seines Hauses, nur verachten würde man ihn.« (Hohelied 8,6–7, EÜ)

An dieser Stelle ist laut der biblischen Überlieferung die Liebe, die Leidenschaft also so stark wie der Tod. Mehr noch, sie weist über eben diesen hinaus. Der Text spielt hier mit der Vorstellung, dass Liebe sich jeglicher menschlichen Verfügbarkeit entzieht und eine lebensschaffende Kraft hat, die sich maximal mit den Extremen von Feuer und Wasser, von Leben und Tod vergleichen lässt. Liebe als das ultimative Phänomen. Liebe als eine göttliche Flamme, die den Tod übersteigt. Nahezu davor schützt – diese Übersetzung ist ebenfalls möglich. Das Lied der Lieder. Ein Gottesdienst der Sinnlichkeit.

Ich lese die letzten Zeilen des Hohen Lieds der Liebe. Ich notiere mir auf einem pinken Post-it die Worte: Sinnlichkeit. Hören. Riechen. Schmecken. Fühlen. Und klebe den pinken Zettel auf die Seite 661 meiner alten Bibel. Und schlage das Hohelied und somit das schwarze Buch mit den crèmefarbenen Seiten zu.

Durch das Fenster schaue ich auf die grüne Kastanie im Hof. Es ist die Nachmittagszeit, in der die Sonne in mein Fenster und somit auf die Hausfassade fällt und wärmt. Ein beständiges Summen erfüllt für ein bis zwei Stunden die Luft und gefühlt tausende Honigbienen tummeln sich in den Weinranken.

Gott ist gut und sie liebt uns. Auch wenn noch so vieles dagegensprechen mag.

Ich tusche mir die Wimpern und spaziere am Wiener Stadtpark vorbei zum Aufnahmestudio. Theresa und Jeanne Drach, unsere gemeinsame Freundin, die uns im ersten Podcast aufeinander aufmerksam gemacht hat, warten schon auf mich.

Es ist heiß, und ich bin aufgeregt. Dass die Zeitschrift *Cosmopolitan* bereits »die Pastorin« als Hörempfehlung angekündigt hat, macht es nicht besser. Nach einer herzlichen Begrüßung und einem kurzen Plausch beginnt die Aufnahme zu LVSTPRINZIP mit dem Titel »Oh mein Gott«.

Wir sprechen über den ersten Abend. Lachen über die Herrenwitz-artige Situation. Wir plaudern über den Papst. Konservative Freikirchen. Und ob die Bibel sex-positive Einstellungen vertritt. Ich freue mich, die gute Nachricht vom Hohelied der Liebe zu verbreiten. In dem Zusammenhang fragt mich Theresa, ob ich ihr darin zustimmen würde, dass Sexualität auch als religiöses Erlebnis gedeutet werden kann. Ob Sex sogar auch ein Gebet sein kann?

Ich würde sagen: Ja.

KAPITEL 5

PILLE, BLUT UND BIBEL

»Sind Sie sich wirklich sicher, dass Sie die Pille möchten?«

Frau Dr. Zoe Haima[8] schaut mich mit einer Mischung aus Fürsorge und Besorgnis an. Wir schreiben das Jahr 2000. Ich bin vor ein paar Wochen 15 Jahre alt geworden und sitze nun das zweite Mal in dieser Woche in der Praxis für Frauenheilkunde und Geburtshilfe. Vor meiner Gynäkologin liegt der Bericht mit den Auswertungen der Blutwerte.

Ich kenne die Ärztin bereits seit ich acht Jahre alt bin. Damals war sie die Medizinerin, die die Schwangerschaft meiner Mutter mit meinem Bruder Hagen begleitete. Als angehende große Schwester durfte ich oft zu den Ultraschalluntersuchungen mitgehen. Eine aufregende Sache als Grundschulkind im Jahre 1993. Meine Eltern wollten mich so gut es ging in den Prozess der Schwangerschaft mit einbinden. Das erste Ultraschallfoto am Ende des dritten Monats durfte ich sogar mit in die Schule nehmen. Während der Schwangerschaft meiner berufstätigen Mutter, die ihr zweites Kind mit 41 Jahren erwartete, lautete der Spitzname meines Bruders »Fröschchen«. Da er bei einer der unscharfen Schwarzweiß-Aufnahmen durch den runden Bauch der Mama Ähnlichkeit mit einem kleinen Frosch zu haben schien, der ins Wasser springt. Im Empfangsbereich der Praxis, die ich jetzt also auch selbst als Patientin aufsuche, hängen zahlreiche Babybilder. Darunter auch ein Bild, wie ich meinen Bruder im zarten Alter von zwei Wochen auf dem Arm halte.

Für mich ist heute ein wichtiger Termin. Ein Termin, den ich im Alleingang absolviere. Dessen Anliegen ich mit niemandem besprochen habe. Nicht weil ich nicht mit meinen Eltern oder meiner Mutter darüber reden *kann*, sondern weil ich nicht *will*. Es fühlt sich an wie etwas, das ich allein für mich entscheiden will und muss.

Ähnlich stark war der Impuls knapp ein Jahr zuvor bei meiner Taufe mit 14 Jahren. Als Baptist:innen werden bei uns keine Babys getauft. Das liegt zum einen an den neutestamentlichen Überlieferungen, die nur die Taufe von Erwachsenen kennen. Zum anderen ist damit die theologische Überzeugung verbunden, dass der Weg eines Menschen mit Gott immer individuell ist. Die Taufe wird dabei als ein Bekenntnis, als ein äußeres Zeichen für diesen bewussten Schritt verstanden. Dahinter steckt auch der Gedanke, dass sich ein Mensch frei für einen Glauben oder eine Religionszugehörigkeit entscheiden darf. Daher ist ein gewisses Alter oder besser gesagt eine gewisse Reife vorausgesetzt. Diesen Schritt wollte ich schon mit zwölf Jahren gehen. Meine Eltern haben mir damals aber noch geraten, zu warten. Vor mir würde jetzt die Pubertät liegen, und in dieser spannenden Zeit würde sich viel verändern. Sie sorgten sich, dass ich vielleicht zu früh eine wichtige Entscheidung treffen würde, deren Reichweite ich nicht verstehen oder die ich bereuen würde. Dahinter lag sicherlich die enorme Bedeutung, die meine Eltern einer religiösen Handlung beigemessen haben. Sie wollten im besten Sinne, dass ich mir dessen so bewusst wie möglich sein sollte.

Ich weiß nicht, ob es überhaupt ein Alter oder einen Zeitpunkt gibt, in dem man die Reichweite seiner Entscheidungen, seien sie spiritueller oder noch so profaner Natur, jemals absehen kann. Dennoch bin ich ihnen dankbar für den zusätzlichen Entwicklungszeitraum.

Mit 14 Jahren gab es aber einen Moment, den ich auch nach über zwanzig Jahren nicht ausreichend beschreiben kann. Es war eine dieser kostbaren Sternstunden im Leben, in der es für einen Moment keinen Zweifel an einer Entscheidung gab. Es war eine Nacht, in der ich nicht schlafen konnte. Mein Gedankenkarussell und schlechte Träume ließen mich nicht zur Ruhe kommen. Ein diffuses Gefühl von Angst umklammerte meine Seele. Ich betete innerlich vor mich hin, bis ich mit einem Mal so ergriffen war, so innerlich berührt, wie ich es danach nur noch selten erlebt habe. Auf einmal war in meinem Inneren alles ruhig. Ein Sturm, der sich in meiner turbulenten Teenie-Seele legte. Ich schlief mit der Erfahrung ein, was der Begriff »innerer Frieden« bedeutet, und der Gewissheit, dass mich niemand daran hindern wird, mich taufen zu lassen. Den darauffolgenden Sonntag ging ich nach dem Gottesdienst zu dem altehrwürdigen Herrn Pastor und fragte nicht, ob er mich taufen würde, sondern verkündete, dass ich mich taufen lassen möchte.

Meine Eltern erfuhren als zweite davon. Ein halbes Jahr später stand ich in einem weißen Baumwollkleid in dem großen Taufbecken in der Gemeindekirche, in der ich groß geworden bin. Baptist:innen tauchen immer den ganzen Menschen unter. Dieser Ritus symbolisiert ein Ende und einen Neuanfang. Daher sind die Becken oft so groß wie ein kleiner Pool und werden an dem Festtag mit frischem Wasser aufgefüllt. Die letzten Worte, die ich hörte, während ich bis zur Hüfte im Wasser stand, waren laut und deutlich: »Mira! Geliebtes Kind Gottes.«

Ich höre diese Worte heute noch. Wie ein akustisches Foto sind sie mir präsent. Dann wird mein Körper in das Wasser getaucht und wieder hochgezogen. Auch dieser Moment ist schön. Aber nicht im Ansatz das Gefühl der Ergriffenheit und Gottesnähe, die ich in dieser einen Nacht wie eine sanfte Decke um mich legte. Diese Momente bleiben unantastbar.

Getrocknet, geföhnt und umgezogen erhalte ich im Anschluss an die Taufe eine Karte. Auf dieser Taufkarte glänzt ein goldenes Kreuz, darunter drei Wellen, die das Wasser symbolisieren. Unter dem Kreuz stehen die Buchstaben Alpha und Omega. Die für die Fülle des Lebens zwischen Anfang und Ende stehen. Im Inneren der Karte ist mein Taufspruch zu lesen. Aus dem Buch des Propheten Jesaja, in Kapitel 43, es ist der erste Vers: »Fürchte dich nicht; denn ich habe dich erlöst; ich habe dich bei deinem Namen gerufen; du bist mein.« (Jesaja 43,1, LUT)

Der Vers gehört zu den sogenannten Trostworten des Propheten. Darunter zahlreiche Metaphern, die Gottes Fürsorge symbolisieren. Für mich beschreibt der Vers eine innige Gottesbeziehung. So ist dieser Vers durchaus auch im Rahmen einer Eltern-Kind-Situation lesbar, in etwa so: »Hab keine Angst, mein Kind. Ich bin bei dir, deinen Namen habe ich selbst mit Bedacht ausgesucht. Ich kenne dich so gut, du gehörst zu mir. Ich bin bei dir, was immer auch geschieht.«

Genau wie meine Taufe habe ich auch den Besuch bei der Ärztin im Alleingang ausgemacht, was mit 15 nicht weiter ungewöhnlich ist. Meine Hoffnung ist, dass auch an diesem Tag ein neuer Lebensabschnitt beginnt. Die kurze Zeit im Wartezimmer kommt mir endlos vor. Doch schon als Kind mochte ich den Blick aus den bodentiefen Fenstern. Dahinter liegt ein hübscher Garten, in dem aus für mich nie geklärten Gründen zwei Schildkröten bei warmen Temperaturen ihre Runden drehen. Zwei kleine Köpfe, die aus ihrem Panzer heraus gemächlich die Rosenstöcke streifen. Ich rutsche auf dem weißen Wartezimmer-Stuhl hin und her und bete wortlos in mich hinein. Lieber Gott, bitte mach, dass alles klappt. Der Raum ist in weiß-türkis gehalten und schlicht, aber elegant eingerichtet. Abstrakte Zeichnungen hängen an den Wänden. Auf dem Tisch in der Mitte liegen abgegriffene Zeitschriften. Gala. Brigitte. Neben Broschüren über Brustkrebsvorsorge.

Frau Dr. Haima öffnet die Tür und schaut über ihre Brille hinweg zu mir rüber und bittet mich mit heiterem Tonfall herein: »Frau

Ungewitter, Sie sind dran.« Gesiezt werden fühlt sich in diesem Moment sehr erwachsen an.

Der Praxisbereich besteht aus zwei Räumen. Ein Büroraum, der als ein Durchgangszimmer in das eigentliche Untersuchungszimmer führt. In Letzterem gibt es eine kleine Umkleide und einen Untersuchungsstuhl. Der erste Raum ist bis zur Decke mit Büchern gefüllt. Auch hier ist der Blick auf den Garten frei. Es sind aber keine Schildkröten zu sehen. Auf dem Schreibtisch aus Glas stehen eine Bronzestatue und Bilderrahmen, deren Fotos ich nicht sehe, da sie mir den Rücken zukehren. Frau Dr. Haima nimmt auf ihrem ergonomisch geformten Bürosessel Platz und blättert in meinen Patientenunterlagen. Die Tür zum Behandlungsraum ist geschlossen.

Meine Frauenärztin ist zusätzlich ausgebildete Psychotherapeutin und in beiden Bereichen tätig. Mein Körper und meine Seele fühlen sich gut aufgehoben. Bei jedem Besuch wird ein Vorgespräch geführt, das sich nie nur um das körperliche, sondern auch um das allgemeine Wohlbefinden dreht. Egal ob nur ein Vorsorgetermin oder eine Konsultation mit akuten Beschwerden – das Vorgespräch vermittelt mir ein Gefühl von Ankommen-Können. Ich weiß bis heute nicht, ob es an ihrem stets freundlichen und zugewandten Tonfall lag, ob die allgemeine Anspannung vor der bevorstehenden Untersuchung ein Aspekt war oder ob es einfach die Möglichkeit war, bei einer Vertrauensperson, zu der ich aber dennoch einen professionellen Abstand hatte, etwas loslassen zu können, von dem ich meist gar nicht wusste, wie sehr es mich belastete. Mehr als einmal folgte in den Jahren der Praxisbesuche auf das »Wie geht's Ihnen denn wirklich?« ein für mich immer wieder unerwarteter Moment der Tränen. Liebeskummer. Versagensängste. Pubertäre oder post-pubertäre Unsicherheiten – alles floss aus meinem Inneren heraus, sobald Frau Dr. Haima den Kopf leicht schieflegte und sich freundlich nach meinem Befinden erkundigte.

Da es mein zweiter Besuch innerhalb einer Woche war, wusste sie, wie es mir ging. Die obligatorische Untersuchung mit der Blutabnahme lag zu Beginn der Woche schon hinter mir. Die Ergebnisse lagen jetzt vor. Blut, das mir Auskunft über das Blut geben sollte, auf das ich so lange sehnlichst wartete. Kurz zuvor hatte ich meinen 15. Geburtstag gefeiert. Meine Periode hatte ich aber immer noch nicht. Jeden Tag hoffte ich auf Anzeichen, die darauf hinweisen würden, dass es bald so weit war. Wartete auf Bauchschmerzen, die endlich den Tag ankündigen würden.

Schließlich war ich jetzt schon 15. 15 war die Hälfte von 30. Und das Alter 30 war das Ende meiner Vorstellungskraft, wer ich als Mensch sein könnte. Alles danach fühlte sich an wie eine Tür in ein Erwachsenen-Narnia, in das man aber nicht unbedingt wollte. Auch wenn meine Party-Karriere noch gar nicht richtig begonnen hatte, blickte ich als Teenagerin dennoch mit einer Mischung aus Mitleid und jugendlicher Arroganz auf Schilder am Straßenrand, die eine Ü-30-Party in einer Industriegebiet-Location bewarben. Für mich galt, wie für viele törichte Menschen in der Phase zum Thema Älterwerden: Alt?! Alle wollen es werden. Keiner will es sein.

Frau Dr. Haima verkündete das Ergebnis der Blutanalyse: Ein leichter Östrogenmangel. Aber alles noch im akzeptablen Bereich. Es würde einfach noch etwas dauern, bis meine Periode einsetzen würde. Ich wusste, dass meine Mutter ihre Tage auch erst mit 16 Jahren bekommen hatte und somit »spät dran« gewesen war. Mit dieser Information über unsere vermeintliche genetische Veranlagung wollte mich meine Mama, die nach wie vor auch in der Praxis Patientin war, stets beruhigen. Obwohl ich den pubertären Veränderungen anfänglich ohnehin noch entspannt entgegensah. Schließlich erinnerte ich mich noch an Lea aus der Grundschule, die als einzige ihre Tage schon mit zehn bekam und regelmäßig nicht mit zum Schwimmen musste beziehungsweise durfte. Wir sprachen nie mit ihr darüber, warum sie nicht mitschwimmen konnte. Dass Lea aber schon als Grundschülerin ihre Tage bekam, war ein offenes, aber unausgesprochenes Geheimnis, das gehütet wurde wie das Geheimnis der Sphinx. Von dem dennoch jeder wusste. Ich kann mich nicht daran erinnern, ob sie gehänselt wurde. Aber der Satz »Lea kommt nicht zum Schwimmen« wirkte wie ein roter Elefant in der Umkleide. Dass ich einmal selbst meine Tage bekommen würde, lag als Zehnjährige jenseits meiner Vorstellungskraft.

Die Geschichte meiner Mutter, die erst mit 16 ihre Tage bekam, beruhigte mich, bis ich 13 war. In meiner Klasse waren auch einige früher und andere später »dran«. Mit 15 wurde ihre Geschichte aber zu einer dunklen Prophezeiung für mein eigenes Leben und Grund für schiere Panik. Das war Lea-Sein in umgekehrt. Gegebenenfalls würde auch ich noch ein ganzes Jahr warten müssen. Ohne Garantie. In dem Alter war ein Jahr gleich einem Äon. Ein ganzes Erdzeitalter. Wenn ich darüber nachdenke, wie schnell jetzt ein Jahr vergeht, muss ich lachen. Aber damals hatte ein einzelner Sommer eine eigene Zeitrechnung verdient. Dann wäre ich 16, zwei Jahre vor der nächsten magischen Grenze 18. Es war nicht auszudenken.

In meiner Klasse nahmen die ersten Mädchen die Pille bereits schon länger, einige, weil sie bereits sexuell aktiv waren, andere, weil sie Pickel oder zu starke Menstruationsschmerzen quälten. Von weniger war ich zu diesem Zeitpunkt weiter entfernt, als die Pille aus einem der genannten Gründe zu wollen. Zumal ein Freund für mich gar nicht denkbar war. In meinem Kopf gehörte auch »einen Freund haben« völlig losgelöst von dem Gedanken an Sexualität unabdingbar mit dem Schritt zusammen, über diese Entwicklungsschwelle Menstruation hinübergegangen zu sein. In meinem Kopf war das die einzig mögliche Reihenfolge im Katalog der Reifeprüfungen. Ich wollte endlich meine Tage bekommen. Jedes Kopfschütteln darüber, jedes »Sei doch froh«, alle Berichte über Schmerzen und Krämpfe prallten an mir ab. – Ich wollte auch.

Die Information, dass mir die Pille diesen Wunsch erfüllen kann, bekam ich in der Schule auf dem Schulhof, quasi die 2000er-Version von Google. Besagter Pausenhof beherbergte morgens ab 10:35 Uhr rund tausend Schüler:innen der erzbischöflichen Ursulinenschule

Köln. Die Mädchenschule wurde von Anna Maria de Heers, einer Oberin des Ursulinenordens, im 17. Jahrhundert gegründet. Die Flämin, die sich für die Gründung einer Schule Köln aussuchte, war dabei dem Vorbild Angela Mericis gefolgt, die von der katholischen Kirche als Heilige verehrt wird. Beide Frauen teilten das Anliegen, Mädchen aus allen gesellschaftlichen Schichten Bildung zu ermöglichen. Die Wahl des Standortes Köln wiederum hing für die Ordensfrau mit der Legende der heiligen Ursula zusammen. Die Namenspatronin ihres Ordens soll der Legende nach im 4. Jahrhundert nach Christus bei einer Pilgerfahrt per Schiff mit 11.000 jungfräulichen Begleiter:innen ihr blutiges Martyrium durch die Hunnen in der Stadt am Rhein erlitten haben. Die hohe Anzahl ist vermutlich einem Schreibfehler geschuldet. Die Vermutung liegt nahe, dass die adelige Ursula mit nur elf Wegbegleiterinnen ein Schiff bestieg, um in die Ferne aufzubrechen. Die Legende, wieviel historische Wahrheit sie letztlich auch beinhalten mag, empfinde ich als einen schönen Hinweis darauf, dass sich Frauen zu allen Zeiten dem ihnen auferlegten Reisegebot widersetzten und, wie in diesem Fall, in See stachen. Noch heute ist das Segelschiff das Symbol der Schule.

Der Mut der Ursulinen ist auch in den aktuellen Debatten rund um die katholische Kirche zu spüren. Was beim Klang »erzbischöflich« paradox wirken mag. Aber gerade von dieser katholischen Schule gehen heute immer wieder progressive Impulse aus.

So hing 2022 als Antwort auf die Fernsehdokumentation »Out in Church – Eine Kirche ohne Angst«, in der sich tausende Mitglieder der katholischen Kirche als queer outeten und um ihre Jobs bangten, eine gigantische Regenbogenfahne an dem 400 Jahre alten Schultor.

Zudem sind viele Initiator:innen des Aktionsbündnisses Maria 2.0 aus dem Umfeld der Schule hervorgegangen. Maria 2.0 fordert unter anderem die lückenlose Aufklärung der Missbrauchsfälle sowie die Entschädigung der betroffenen Menschen. Sie streben dabei Reformen von innen an. Sie fordern für Frauen den Zugang zu allen kirchlichen Ämtern und sie setzen sich für die Entmachtung des Systems Kirche ein. Unterstützt werden die mutigen Streiter:innen auch von prominenter Seite, beispielsweise von der Kölner Comedian Carolin Kebekus.

Mein Respekt gilt all diesen wunderbaren Menschen, die versuchen, von innen heraus ihre Kirche, ihre geistliche Heimat zu verändern. Diejenigen, die versuchen, diesem schwer beladenen Schiff »katholische Kirche« einen neuen Kurs zu geben, allen Widerständen zum Trotz.

Ich werde nie den Moment meiner Einschulung in die fünfte Klasse vergessen, an dem meine Mutter mich an die Hand nahm und zu der Steintafel neben dem inneren Ausgang des Schulhofs führte. Es herrschte ein lautes Durcheinander all der neuen, aufgeregten Schüler:innen inklusive Eltern. Auf der Tafel stand in großen Druckbuchstaben: »Von guten Mächten wunderbar geborgen, erwarten wir getrost, was kommen mag. Gott ist mit uns am Abend und am Morgen und ganz gewiss an jedem neuen Tag.« Die Zeilen stammen von Dietrich Bonhoeffer, einem evangelischen Theologen und Widerstandskämpfer gegen den Nationalsozialismus, der im Konzentrationslager Flossenbürg kurz vor Kriegsende auf persönlichen Befehl Hitlers hingerichtet wurde. Er schrieb sie während seiner Inhaftierung. Es sind die letzten erhaltenen theologischen Worte vor seinem Tod. »Mira, wenn an einer katholischen Schule diese Worte von einem evangelischen Pastor in Stein gemeißelt stehen, ist das ein gutes Zeichen.«, sagte mir damals meine Mutter.

Kein gutes Zeichen war das unvorbereitete Diktat direkt in der ersten Woche. Rechtschreibung und Flüchtigkeitsfehler beim Schreiben konnten in der Grundschule durch häufiges Üben noch im Zaun gehalten werden. Noch heute bemitleide ich meine Lektorinnen. Die Tatsache, dass ausgerechnet ich Bücher schreiben darf, empfinde ich als ein Zeichen göttlichen Humors.

Lustig fand ich die erste Fünf, das erste »mangelhaft« in der fünften Klasse überhaupt nicht. Das Diktat traf mich wie ein Blitz. In der

Grundschule war ich weitgehend gut durchgekommen. Ich musste zwar Hausaufgaben machen und »üben«, aber schulische Existenzängste waren mir bis dato fremd. Jetzt kam der freie Fall. Über zwanzig Rechtschreibfehler in dem kleinen grünen Heft. Die kraklige Handschrift mit neuem Lamy-Füller und nicht richtig eingehaltenen Abständen bezeugten mein Versagen auf ganzer Linie. Besser gesagt auf krummer Linie.

Meine Laufbahn als schlechte Schülerin begann. Die ersten zwei Jahre der Unterstufe gingen noch halbwegs. Es gab immer wieder einige Hochs sowie emotionale Pausen im Mittelfeld des Klassenspiegels. Aber es gab auch jenes grausame Ritual, in dem die Lehrer:innen, meist beginnend mit den schlechtesten Zensuren, die Ergebnisse für alle gut sichtbar mit Kreide an die Tafel schreiben.

Aber ab Klasse 7 folgte den benoteten Klassenarbeiten mit einer recht hohen Wahrscheinlichkeit halbjährig der blaue Brief, der meine Eltern darüber informierte, dass ihre Tochter auch in diesem Jahr stark versetzungsgefährdet sei.

Unter meinen schulischen Leistungen, zumindest in den lernintensiven und versetzungsrelevanten Hauptfächern Latein, Mathe und Englisch standen sehr oft die Worte: »Mangelhaft.« Gelegentlich »ungenügend« und mit viel Beten: »ausreichend«.

Nachhilfe. Nachprüfung. Aus Tränen wurde Sturheit, aber die Panik, sitzen zu bleiben, aus meiner Klasse rauszumüssen oder gar die Schule zu wechseln – diese Gedanken waren unerträglich.

Ich entwickelte eine erstaunliche Kreativität im Schummeln. Aber auch beim Handeln mit Ersatzleistungen wie Referaten oder mündlicher Mitarbeit entwickelte ich einen enormen Überlebenswillen. Hauptsache in der Klasse bleiben.

Meine Noten waren schwach. Mein Glaube war dafür stark. Auch wenn der Schulpriester sicherlich etwas an meinen Gebetsanliegen zu kritisieren gehabt hätte: Jeden Morgen, während des mir so sehr verhassten Aufwachens, betete ich inbrünstig für Lehrerausfall. Und dafür, dass ich später mal einen Beruf haben würde, bei dem ich nicht so früh aufstehen muss. Und dass ich es noch schaffte, Hausaufgaben abzuschreiben, oder dafür, dass mich niemand beim Pfuschen erwischen würde.

Wenn man davon auch vieles belächeln mag, war es dennoch der Glaube, der mir eine tiefe Überzeugung vermittelte, dass ich mehr bin als eine schlechte Note oder ein mieses Zeugnis. Dennoch zeichnete sich der stets rote Schriftzug »mangelhaft« von den niemals enden wollenden Klassenarbeits-Zyklen in mein Bewusstsein ein.

Mangelhafte Schulleistungen sind die eine Sache. Ab 15 war das eigentlich ganz cool. Die eigene körperliche Entwicklung als mangelhaft zu empfinden hingegen war eine neue Dimension.

Insgesamt war der Schulalltag neben Hausaufgaben, Klassenarbeiten und Versetzungsstress unterhaltsam. Räume voller Freund:innen. Die Luft geschwängert von dem Geruch aus bunten Deodosen. *Impulse ID* trifft *Vanilla Kisses* und mischt sich mit Kokos-Shampoo und einem Hauch *ck one by Calvin Klein.* Fünf-Minuten-Pausen. *Gute Zeiten. Schlechte Zeiten.* Als Soap und als Lebensgefühl. *Bravo. Bravo Girl* und Boybands, die sich bereits getrennt haben, während Britney es wieder tat. Immer. Wirklich immer in der letzten Reihe sitzen. Zumindest bis aufgrund unerlaubten Essens, Quatschens oder anderer den Unterricht störenden Unterfangen Disziplinarmaßnahmen ergriffen wurden. »Mira! Erste Reihe.«

Das war dann der Moment, in dem ich betont langsam meine Sachen zusammen räumte, und meine Freundinnen für verbleibende 25 Minuten Unterricht in meinem Rücken wusste. Dann kurzes Abklatschen mit Kathrin, die hinten sitzen bleiben durfte.

Kathrin war das Gegenteil von mir. Damit will ich nicht sagen, dass ich sein wollte wie sie. Ich wusste, wer ich war. Ich wollte nur auch so weit sein wie sie: Umgarnt in der Tanzschule. Die mit der Hauptrolle im Schultheater. Abgeholt vom Freund mit Auto. Sie wirkte einfach in allem, was sie war, wie sie Dinge sagte und in dem, was sie tat, schon so fertig. So vollendet und vollendet schön. Da war ein Neid darauf, dass sie schon gefühlt Lichtjahre weiter war. Um nicht falsch verstanden zu werden: Es war keine Missgunst. Ich gönnte es ihr. Ich wollte es nur auch sein, während ich gefühlt mit einer Hälfte meines Seins noch in meiner Kindheit steckte.

Ein vielsagender Blick zu Käthe. Käthe war die Neue. Eigentlich Katharina. Somit Namensvetterin von Katharina von Bora. Der ehemaligen Nonne, die mit Martin Luther durchbrannte. Der Reformator sagte einst über seine Frau: »Ich würde meine Käthe nicht für Frankreich und Venedig dazu hergeben.«

Dem kann ich mich bei »meiner« Käthe nur anschließen, die in der Mittelstufe zu unserer Klasse stieß. Sie wechselte die Schule, nachdem sie sitzengeblieben war. Dass man dennoch fröhlich sein konnte, war für mich kaum zu fassen. Es dauerte vielleicht eine Woche. Dann fühlte es sich an, als ob sie schon immer da gewesen wäre. Ein Jahr älter. Unbefangen. Sie trug nicht nur ihr Herz auf der Zunge, sondern auch ihre Herzlichkeit. Käthe verdanke ich meinen ersten Besuch in einer Großraumdisko. Nicht in Köln, sondern in Bergisch Gladbach, wo Käthe mit ihrer Mutter und ihren zwei Schwestern lebte. Ihr Weg zur Schule dauerte jeden Tag eine Stunde. An diesem Abend trat ich die Reise auf die andere Rheinseite an. Käthe hatte sturmfrei. Im wahrsten Sinne ein Grund zum Feiern. Schon das Reinkommen war spannend, weil ich noch nicht 16 war. Anders als Käthe. Aber es klappte. Diese schlagerlastige Nacht ist mir nur bruchstückhaft in Erinnerung. Nicht weil wir viel tranken, sondern weil sie wie ein Wirbel an Bildern war.

Die durchtanzte Nacht endete damit, dass wir im Morgengrauen in der kleinen Küche saßen. Es dämmerte. Käthe legte eine CD in die kleine Stereoanlage, und ich hörte das erste Mal bewusst den Song: *The Power of Love* von *Frankie goes to Hollywood*. Eine langsame Ballade, die sich wie ein Feuerwerk entlädt. Ich war elektrisiert. Repeat-Taste. Dazu aßen wir getoastetes Graubrot und schnitten uns großzügige Scheiben von einem Fleischwurstring ab. Wenn wir uns heute sehen, ist es, als ob niemals was dazwischen stattgefunden hätte.

Es war eine Epoche erster Male: Das erste Mal Make-up benutzen und damit auch aus dem Haus gehen. Oder zumindest heimlich auf dem Schulweg einen Fingerbreit Lidschatten *Ice Blue* aufs Auge auftragen. Sich langsam, aber sicher Kaffeetrinken angewöhnen. Beim Rauchen war ich raus. Aber ich stand gern bei meinen Freundinnen auf dem Teil des Schulhofs, wo Zigaretten erlaubt waren. Der erste Vollrausch mit *Baileys* und Apfelkorn. Das erste Mal schwänzen. Das erste Mal knutschen.

Für viele fand auch das »Erste Mal« im Laufe ihrer Schulzeit statt. Die Protagonisten aber nicht innerhalb der Schule zu wissen, schuf einen speziellen Schutzraum. Die Schule quasi wie ein Mädchenklo als Institution. Ein Ort, an dem ein besonders solidarisches Vertrauen herrschte, in dem aber auch überaus deutlich spürbar war, auf welcher Sprosse der Entwicklungsstufe man stand. 32 Schülerinnen zwischen Pferdepullis und Verhütung. Mit der Herausforderung, erwachsen zu werden in unterschiedlichen Geschwindigkeiten. Zwischen Talkshows, in denen das Ergebnis von Vaterschaftstests verkündet wurde, und dem Sammeln von Diddelmäusen.

Ich war irgendwo dazwischen. Aber gerade weil in der Klasse so umfänglich darüber geredet wurde, wer seine Tage wann bekommt, schämte ich mich paradoxerweise dennoch. Weil ich nicht mitreden konnte. Meine subjektive Scham begleitete mich. Es war wie ein Raum, in dem die anderen schon waren, und ich stand davor und kam nicht rein.

Es ging um keine Gruppezugehörigkeit im Sinne von Markenklamotten oder die Zugehörigkeit zu irgendeiner coolen Gruppe, sondern um das Überschreiten einer elementaren Schwelle. Wie ein physisches Sitzenbleiben. Als würde mein Körper eine Ehrenrunde drehen. Angst, zurückgelassen zu werden.

Ich betete Gott mit der Intensität meiner gläubigen Teenager-Seele an, mir doch diesen tief in der Natur verankerten Wunsch zu erfüllen. Oft dachte ich: »Gott, es kann doch nicht so schwer sein. Es ist doch angeblich eine der natürlichsten Sachen der Welt.«

Ich wich immer mehr den Gesprächen darüber aus. Wollte es nicht zugeben, dass es – für mich – immer noch nicht so weit war. Aber ich konnte und wollte auch nicht lügen. Was für die anderen normal war, war für mich immer noch ein Darauf-Warten. Zumal es kein heimliches Menstruieren gab. Also schon, wenn man das wollte. Aber sich lautstark darüber zu unterhalten war normal. Hygiene-Artikel reichte man sich nicht wie bei einer illegalen Drogenübergabe. Menstruieren wurde zelebriert. Auch über die Schmerzen und alles, was dazu gehört, wurde debattiert wie in einem exklusiven Club.

»Sind Sie wirklich sicher, dass Sie die Pille möchten?« Meiner Ärztin war anzumerken, dass es ihr lieber gewesen wäre, ich würde warten. Und schon spürte ich diesen ziehenden Schmerz, der über meinen Nasenrücken lief und Tränen ankündigte. In Form einer verzweifelten Sturzflut. Ich wusste nur eins: Ich wollte auch in diesen Club. Ich wollte nicht mehr warten.

Als ob mein Wollen wirklich eine überwältigende Macht wäre, beteuerte ich der Ärztin gegenüber also, wie sehr ich die Pille wollte. Nichts begehrte ich mehr als dieses biologische Übergangsritual.

Ich wollte Frau sein. Wobei ich nicht mehr weiß, ob ich diesen Gedanken jemals so gedacht habe. Ob ich mich vorher oder nachher weiblicher wahrgenommen habe. Ich glaube nicht. Ich war die, die ich war. Ich wollte nur so dringend in diese neue Phase. Den Zauber einer neuen Lebensstufe fühlen. Jeden Bauchschmerz würde ich in Kauf nehmen, um mich nicht mehr aus den Unterhaltungen meiner Freundinnen rausschleichen zu müssen. Teilhabe. Auch über diese heilige Schwelle treten.

Frau Dr. Haiman willigte ein und klärte mich über die Nebenwirkungen auf. Weil die Tränen keinen Schleier über meine Augen, sondern über meine Ohren legten, hörte ich von den Nebenwirkungen nicht viel. Ich war einfach nur glücklich.

Mit dem Rezept in der Tasche lief ich zur Apotheke nahe der Praxis. Ich hielt den rosa Zettel mit Unterschrift und Praxisstempel der

Apothekerin entgegen. Ich bekam die Packung mit den drei Streifen der ersehnten Tabletten. In einer äußerst hübschen fliederfarbenen Schutzhülle aus Pappe, die mit einer weiblichen Silhouette bedruckt ist. Am Abend nehme ich die erste Pille.

***

Frühling im Jahr 2000. Ein 15-jähriges Mädchen aus Köln am Rhein bekommt endlich ihre Tage. Ungefähr im Sommer 70 nach Christus zuvor sitzt ein Mann an einem Schreibpult. Vor ihm liegen dünne, kostbare Bögen aus Pergament. Die Vermutung liegt nahe, dass er sich in Rom aufhält. Wer weiß, vielleicht schweifen seine Augen ja gelegentlich auf den Tiber.

Er ist im Begriff, den ersten zusammenhängenden Bericht über das Leben und Wirken von Jesus aus Nazareth niederzuschreiben. Er selbst wird seinen Namen nicht unter das Dokument setzen. Wie viele Schreiber seiner Zeit bleibt er anonym, um den Fokus von sich weg auf seine Botschaft zu legen. Die altkirchliche Tradition, die es lieber sieht, dass die biblischen Schriften ordentlich zugeordnet werden, wird ihn Markus nennen. Ob Markus ein Schüler des Petrus oder ein Mitarbeiter des Apostels Paulus war, lässt sich auch nicht eindeutig beantworten. Fest steht, Markus ist fasziniert von Jesus und gewillt, seine gute Nachricht zu verbreiten.

Knapp 70 Jahre sind seit der Geburt und somit rund 40 Jahre seit der Kreuzigung und, wie Markus fest überzeugt ist, auch seit der Auferstehung des einstigen Wanderpredigers vergangen.

Einige nannten ihn Rabbi. Andere Messias. Wieder andere König. Andere hielten ihn für eine göttliche Inkarnation. Auch Markus sieht in Jesus den Sohn Gottes, durch den ein neues Zeitalter angebrochen ist. Kein politisches, wie es sich der Schreiber vielleicht erhofft hatte. Vielmehr eine Umkehrung der Verhältnisse. Das vermeintlich Schwache hielt Jesus für stark. Die Armen nannte er reich. Das in den Augen der Gesellschaft Unwürdige befand er für königlich. In der Konsequenz, dass er selbst eine Dornenkrone zum Spott aufgesetzt bekam.

Keiner der Hoheitstitel will so recht zu dem einfachen Handwerker passen, und doch versteht Markus, warum die Leute nach Worten suchten, diesen ungewöhnlichen Menschen zu adeln, ihn zu einem König zu erheben. Ob Markus sich in seinen kühnsten Träumen vorstellen kann, dass sein Text, sein Evangelium noch 2000 Jahre später gelesen wird? Dann werden es rund 60 dünne Bibelseiten sein. 16 Kapitel. In Kirchen rund um den Globus wird man aus dem Evangelium nach Markus vorlesen.

Von der Geburtsgeschichte Jesu weiß Markus nichts. Zumindest scheibt er davon nichts auf. Sein Text wird aber Geburtshelfer für die Evangelien des Matthäus und des Lukas, die seinen Text als Grundlage nutzen werden und mit ihrem Wissen ergänzen. Auch mit den Geschichten rund um Stall und Krippe.

Markus beginnt mit einem Zitat aus dem Buch des Propheten Jesaja. Die Verankerung in den altehrwürdigen Texten des Judentums ist für Markus wichtig. Er sieht in dem Juden Jesus den dort angekündigten Messias. Er schreibt außerdem über Johannes den Täufer, der Jesus von Nazareth taufte. Für ihn beginnt mit diesem Ereignis, mit diesem Wasserritual, die Wirkungsgeschichte Jesu. Auf die Taufe folgt ein Satz über Jesu Versuchung in der Wüste: dem berühmten Machtkampf Jesu mit dem sogenannten »Satan«, übersetzt »Widersacher«. Dieser Begebenheit scheint er keine größere Bedeutung beizumessen, zumindest widmet er sich dem nicht sonderlich ausführlich. Oder er hält sich vornehm zurück, weil er nicht über ausreichende Informationen verfügt. Dafür schreibt er viel über einzelne Menschen, die den Weg Jesu kreuzten: Die Fischer, die noch im Wasser standen und dann auf sein Geheiß ihre Netze zurückließen und ihm folgten. Einfach so. Alles zurückließen und einen neuen Lebensabschnitt antraten. Markus denkt an die Geschichten über Kranke, die geheilt wurden, und schreibt einzelne Episoden mit Vorsicht nieder. Vermutlich tut er dies mit größter Sorgfalt. Hauptsache, der Papyrusbogen reißt nicht.

Er weiß, dass es in diesen politischen Zeiten heikel ist. Aber er kann nicht anders und berichtet darüber, wie der junge Jesus Gesetze hinterfragte. Manche sogar brach. Aufrührer und Menschen, die Autoritäten hinterfragen, sind auch 40 Jahre nach seinem Tod keine willkommenen Gäste im Imperium Romanum.

Dennoch gibt Markus in seiner Niederschrift den verbalen Schlagabtäuschen Jesu mit den religiösen Eliten seiner Zeit viel Raum. Aber er begeistert sich auch für die Gleichnisse. Jene kurzen Geschichten und Metaphern mitten aus dem Leben der einfachen Leute. Das Gleichnis vom Senfkorn. Eine Geschichte darüber, wie aus einem Samenkorn, so klein, dass man es kaum sehen kann, dennoch ein großer Baum wird. Ein Baum, in dem sogar Vögel ihre Nester bauen. Ein Bild über die Kraft Gottes, die aus dem Unerwarteten, dem Kleinen, dem, was Menschen oft verwerfen, neue Lebensräume schafft. Markus schreibt nach bestem Wissen und Gewissen alles auf. Vor dem nächsten Abschnitt macht er eine lange Pause.

Die nächste Begebenheit verursacht ein gewisses Unwohlsein in ihm. Diese Frau. Dieses Blut. Es ist eigentlich zu skandalös. Ich stelle mir vor, wie er vielleicht erstmal durchatmet, bevor er zu einem seiner längsten Textabschnitte ansetzt. Eigentlich sind es zwei Begebenheiten.

Heute ist ihre Geschichte in Markus 5, 14 bis 34 zu lesen: Eine Masse von Menschen umringte Jesus. Nichts Außergewöhnliches. Sobald sich herumsprach, dass der Nazarener an einem Ort auftauchte, verbreitete sich die Kunde in der Regel wie ein Lauffeuer. Auch andere Heiler fanden Anklang und Aufmerksamkeit, aber ihn ließen die Massen kaum los. Mitten in der Menge stand diese Frau. Sie hätte niemals da sein dürfen. Frauen, die bluten – sei es wegen der Periode oder wegen einer Krankheit –, ist es auf das Strengste verboten, sich in Situationen zu begeben, in denen sie mit Männern in Haut-zu-Haut-Kontakt kommen könnten. Auch Gegenstände können durch sie unrein werden. Diese eine Frau muss also mutig oder unendlich verzweifelt gewesen sein, dieses Wagnis einzugehen.

Woher ihre Blutungen kommen, wusste sie selbst nicht. Sie wusste nur, dass ihr Leben seither die Hölle war. Sie blutete nicht jeden Tag. Aber einen Zeitraum, in dem sie sieben Tage kein Blut verlor und sie somit nach den religiösen Gesetzen rituelle Reinheit erreichte, den hatte sie nie. Einst hatte sie zumindest noch Geld. Alles gab sie Ärzten und Heilern. Jetzt war es dahin.

An einen Mann, an Kinder war mit der Krankheit nicht zu denken. Sie war unberührbar, wünschte sich zugleich nichts so sehr wie eine Berührung. Schmerzlich dachte sie an ihre Eltern. Als es anfing, hielten sie die Blutungen für den Kreislauf der Dinge. Als es nicht mehr aufhörte, war es vor allem der Vater, der sich von ihr abwandte. Dazu die Schmerzen. Die im Bauch, und die in der Seele. Finanziell, gesellschaftlich und körperlich war sie am Ende.

Der Heilende aus Nazareth, so schwor sie sich, wäre ihr letzter Versuch. Sie konnte kaum fassen, woher sie den Mut und dieses Vertrauen nahm. Sonst mied sie die Menge. Aber es war wie eine Kraft. Eine von innen, die tief aus ihr heraus diese Kühnheit entwickelte. Ein Mut zu vertrauen, dass Heilung möglich ist, sowie eine gute Macht von außen. »Wenn ich nur den Saum seiner Kleider berühren könnte,« schoss es ihr durch den Kopf, »so würde ich gesund.« Noch während sie die Hand ausstreckte und den Stoff an den Fingerspitzen fühlte, spürte sie, dass es aufgehört hat. Wie eine Quelle, die in ihrem Inneren versiegte.

Im gleichen Moment drehte sich Jesus, den sie laut Gesetz niemals hätte berühren dürfen, um und fragt, wer seine Kleider berührt hat. Sie beginnt sich zu fürchten. Gleichzeitig wirken seine Begleiter fast belustigt: »Hier sind unzählige Menschen um uns, und du fragst, wer dich berührt hat?« Da konnte sie nicht anders und erzählte ihm alles. Ihre Worte überschlugen sich: »Ich war's. Gott im Himmel, ich war's. Es sollte einfach aufhören. Ich wollte nur, dass es endlich, endlich aufhört.« Sie vernahm ihre eigenen Wortfetzten. Wir können darin ihre Einsamkeit und ihre Scham spüren. Diese niemals enden wollende Scham. Den Verlust von allem, was sie jemals besaß.

Wir können uns ansatzweise die Torturen der Behandlungen vorstellen, dass ihr Vater sie möglicherweise nie mehr richtig ansah. Zwölf Jahre Schmerz brechen sich die Bahn. Da schaut Jesus sie an und sagt: »Meine Tochter, dein Glaube hat dich gesund gemacht. Geh hin in Frieden und sei geheilt von deinen Leiden.« (Markus 5,34)

Markus lässt die Tinte trocknen und atmet tief durch. Ob er wohl ahnt, dass er der blutenden Frau ein Denkmal gesetzt hat, das die Jahrtausende überdauern wird?

Ob es dem Evangelisten, der bis heute Markus genannt wird, unangenehm war, diese Begebenheit niederzuschreiben, wissen wir nicht. Schließlich wird das Thema Blutung auch heute noch häufig als eher unangenehm erachtet. Was wir wissen, ist, dass das Textzeugnis erstaunlich lang ist, vor allem wenn man bedenkt, dass es sich um eine Erkrankung dreht, die ein absolutes Tabuthema berührt. Ich muss an das Start-up zweier Männer denken, die 2021 pinke Einweghandschuhe auf den Markt brachten, mit denen Tampons nach eigenen Angaben endlich »diskret« entsorgt werden können. Markus zieht keine *Pinky Gloves* an, als er zehn Sätze auf Altgriechisch verfasst, in der die Frau in sechs Sätzen als Subjekt handelt und sich ihre Heilung nahezu selbst verschafft.

Natürlich sind die Phänomene auch hier im Horizont ihrer historischen Einordnung lesbar. Wunderheiler waren zahlreich. Die Vorstellung, dass eine Berührung Schmerzen lindern kann, war ebenfalls verbreitet. Auch der Begriff »Blutung« ist aus heutiger Perspektive eine recht ungenaue Diagnose. Litt die Frau unter Zysten, Myomen oder gar einem Krebsleiden?

Waren es vermehrte Zwischenblutungen? Wenn ich bedenke, wie viele Frauen heute unter Endometriose leiden, ohne dass das richtig diagnostiziert wird, ist das biblische Zeugnis gar nicht mal so weltfremd, wie man meinen könnte.

Daher fasziniert mich diese Geschichte aus dem ältesten Evangelium umso mehr, die sich mit der gynäkologischen Erkrankung einer Frau auseinandersetzt. Eine Geschichte, die ein Stigma thematisiert.

Die von Blut spricht. Mich fasziniert die Rolle Jesu, von dem die Heilung ausgeht. Daran muss man nicht glauben, aber man darf darüber stolpern, dass dies das einzige Mal ist, dass Jesus das Wort »Tochter« benutzt.

War »meine Tochter« etwas, was sie hören musste? Gleichzeitig ist es keine Retter-Geschichte mit passiver oder gar stummer weiblicher Besetzung. Sie handelt. Sie streckt sich aus. Sie beweist Mut, auch indem sie vertraut. »Dein Glaube hat dich gesund gemacht.«

Jetzt spricht der Text nicht im direkten Sinn von Menstruation, sondern streift das Thema »Blutung« in diesem Fall durch eine Erkrankung. Aber für jede Blutung gilt, dass die Frau für diesen Zeitraum als »unrein« gilt. Damit bleibt ein gewisses Fragezeichen, warum das natürliche Phänomen Menstruation allgemein als »unrein« stigmatisiert wird. Und obwohl die Antwort, dass patriarchale Strukturen hier durchaus eine Rolle spielen, zwar stimmt, möchte ich dennoch eine jüdisch-feministische Perspektive stark machen, die betont, dass die Begriffe »rein« und »unrein« keine Synonyme für »sauber« und »schmutzig« sind. Die Begriffe stehen für »Leben« (*tahara* = Reinheit) und »Tod« (*tumah* = Unreiheit).

Die Menstruation bildet hierbei einen Übergang. Mit der Ablösung der Schleimhaut ist das monatliche Ende der fruchtbaren Zeit gekommen. In diesem Moment kann kein neues Leben entstehen. In diesem Bild ist somit im übertragenen Sinn auch der Tod symbolisiert.

Dieser jüdisch-feministische Impuls lässt sich übrigens im Instagram-Kanal: »Zelophchads Töchter« unter dem Beitrag »Mikwe« nachlesen.[9] Die »Mikwe« ist ein rituelles Reinigungsbad, symbolisiert diesen Übergang zum Beginn des neuen Zyklus und spiegelt als äußeres Zeichen den Beginn eines neuen Zyklus, der in der Lage ist, Leben – neue Reinheit – zu ermöglichen.

***

Ich weiß nicht, ob ich über die Geschichte meiner eigenen Menstruation, die letztendlich künstlich herbeigeführt wurde, vor fünf Jahren hätte schreiben können. Auf keinen Fall vor zehn Jahren. Ich hätte mich immer noch zu sehr geschämt. Die 15-Jährige in mir, die sich an die Situation in der Praxis erinnert, als wäre es gestern, wäre zu fragil gewesen. Gleichzeitig frage ich mich mit Blick darauf, dass die Pille kein Bonbon ist und massiven Einfluss auf den Körper hat: War es richtig? Würde ich es wieder tun? Was würde ich meiner Tochter raten, wenn ich eine hätte, auch vor dem Hintergrund heute? Ich weiß es nicht.

Abgesehen davon, dass ich älter geworden bin und selbstsicherer, hat sich natürlich auch etwas in der gesamtgesellschaftlichen Debatte rund um die Menstruation verändert. In meiner Wahrnehmung ist sie längst kein Tabuthema mehr. Doch sie ist deshalb noch lange nicht komplett schamfrei.

Ironischerweise habe ich mich dafür geschämt, weil ich keine Menstruation hatte, während die Frau in der Bibel Scham empfand beziehungsweise durch ein System beschämt wurde, gerade weil sie blutete. Die Verbindung ist gar nicht in erster Linie die Frage von Blut oder nicht Blut. Sondern von Scham.

Scham gilt als eines der stärksten negativen Gefühle der Welt. Ich glaube selbst dem Gefühl der Trauer oder der Wut lässt sich noch eine gewisse Schönheit der Melancholie oder eine Schaffenskraft abgewinnen. Aber Scham, egal welchen Ursprung sie hat, isoliert, engt einen ein und macht einen auf eine schreckliche Art ängstlich.

Aber ich habe begonnen, mir selbst eine gute Freundin zu sein. Auch meinen vergangenen Ichs. Ich würde mir sagen, so wie ich der blutenden Frau zuschreien wollen würde: »Es ist nichts, wofür du dich schämen musst!« Vielleicht müsste man bei vielen »Fürchte dich nicht« in der Bibel auch ein »Schäme dich nicht« mitdenken. Auch wenn dies immer leichter gesagt als gefühlt ist. Aber ich glaube daran, dass es möglich ist, ein System, das beschämt, abzubauen.

Mehr noch. Und wenn ich über die biologische Komplexität des Zyklus nachdenke, wäre eigentlich die einzige angemessene Haltung, die Menstruation nicht nur nicht zu beschämen, sondern sie zu bewundern.

KAPITEL 6

PRO CHOICE UND DIE JUNGFRAU

»Miralein, ich muss dir was sagen.«

Meine Mama schaut mich ernst an. Wir sitzen abends im Wohnzimmer und schauen irgendeinen Krimi. Mein 15. Geburtstag liegt ein paar Wochen zurück. Meine Mutter sitzt auf der Couch mit geblümtem Bezug. Ich auf der Récamière, die heute in meinem Wohnzimmer in Wien steht – ein weißes Sofa mit hellblauen Rauten. Meine Eltern haben gewagt es zu kaufen, obwohl mein kleiner Bruder mit seinen Nutella-beschmierten Kleinkindfingern die Wohnung unsicher macht.

Die Einrichtung ist meiner Mama wichtig. Schön soll es sein. Jederzeit soll Besuch kommen können. Gastfreundschaft, gutes Essen, Getränke, bis der Besuch doch noch das Gästebett in Anspruch nimmt. Für meine Mutter ist ein offenes Haus zu gleichen Teilen Leidenschaft und christliche Grundüberzeugung. Dabei geht es nicht um einen Akt der Höflichkeit oder um eine fromme Pflichterfüllung, sondern darum, Begegnungsräume zu schaffen. Geschichten und Leben zu teilen. Zeit und Aufwand und Arbeit im positiven Sinne für andere Menschen zu betreiben. Gelebte Nächstenliebe auf der Basis von Prosecco und Lasagne also. Glauben heißt für meine Mutter hoffen, helfen, handeln.

Mein eigener Glaube wurde durch den Glauben meiner Mutter und der ganzen weiblichen Familie mütterlicherseits geprägt. Meine Oma und meine Großtante Edith sind nach dem Zweiten Weltkrieg von Ostpreußen nach Köln geflohen. In der Familie nennt man beide meist im selben Atemzug.

Oma und Edith waren ebenfalls zwei gläubige Frauen. Auch ihr Glaube drückte sich durch Pragmatismus und Großzügigkeit, aber auch durch Angstvorstellungen von einem strafenden Gott aus. Wenn ich an die beiden denke, wird mir immer wieder klar, dass tiefer Glaube, vor allem wenn er wenig reflektiert wird, zwei Seiten hat. Er kann hoffnungsvoller Antriebsmotor und moralische Bürde zugleich sein. Antriebsmotor, um in schweren Zeiten weitermachen zu können. Aber ebenso die Bürde, dass es einem auch nicht zu gut gehen darf. Schuldgefühle gedacht als eine Art göttliche Vergnügungssteuer. Das bezog meine Oma allerdings in erster Linie auf sich selbst. Sich selbst nicht zu viel zu gönnen. Genügsam sein. Eine Tugend, die sicherlich auch in den Erfahrungen von Krieg und der Flucht aus Ostpreußen wurzelte.

Für uns Enkel sah das anders aus. Hier gab es keine Grenzen. Zuneigung. Zucker. Taschengeld. Oma und Edith halfen, wo es ging. Fahrräder, hübsche Kleider, Urlaub. Wenn es in der Familie einen finanziellen Engpass gab, standen Oma und Edith bereit. Oder wenn wir um alles in der Welt etwas »außerhalb der Reihe« haben wollten. Ganz jenseits von Geburtstag oder Weihnachten.

Die eher fragwürdigen religiösen Eigenheiten der beiden prallten an mir meist ab. Zum Beispiel wenn ich Mau Mau spielen wollte und meine Oma Kartenspielen für »Teufelszeug« hielt. Dabei glaubte sie wirklich, dass der Teufel etwas mit den Karten zu tun haben könnte. In ihrer Jugend wurde gegen die Spielsucht angepredigt. In ihrer Vorstellung waren die Karten als Ursache für das Unglück, das mit einem verspielten Monatslohn daherkommen konnte, hängen geblieben.

Ich konnte in den Karten nichts »Sündiges« sehen und empfand die Sorge als Oma-Marotte. Mau Mau. Und auch wenn ich das Sprichwort »Kleine Sünden bestraft der liebe Gott sofort« nie wortwörtlich von ihr gehört habe, zog sich die Vorstellung, dass hinter Dingen, die schief laufen, eventuell auch eine göttliche Strafe stecken könnte, durch ihr Leben. Als ich klein war, ist meine Oma einmal mit uns in den Urlaub gefahren. Beim Beladen des Autos stieß sie sich den Kopf an der Heckklappe an. Für sie war dies ein sicheres Zeichen, dass sie diesen Urlaub nicht verdient hatte. Meine Mutter machte das wahnsinnig, da für sie das Ablegen dieses beengenden Gottesbilds ein schwerer Weg war. Dennoch zogen alle Frauen der Familie meiner Mutter, auch in der Unterschiedlichkeit ihrer Gottesbilder, eine enorme Kraft aus ihrem Glauben.

Sowohl mein Bruder als auch ich hatten eine wirklich gute Kindheit. Meinen Bruder und mich trennen acht Jahre. Meine Mutter bekam mich im Alter von 32. Die Kommentarspur des Umfeldes: »Das ist aber spät.« Heute läge sie damit absolut im Durchschnitt. Damals, 1985, bekamen die meisten westdeutschen Mütter ihr erstes Kind mit Mitte zwanzig. Die Antwort meiner Mutter: »Und das zweite bekomme ich mit 40!«

»Das Zweite« liegt jetzt im Bett und schläft. Die Empfehlung einer Fruchtwasseruntersuchung, die das Baby hätte gefährden können, lehnten meine Eltern ab: »Wir nehmen, was kommt. Punkt.« Ich war damals acht und kann mich noch genau an den Tag erinnern: Wie meine Eltern mit mir zusammen auf das Ergebnis des Schwangerschaftstests warteten. Positiv. Die Freude unnachahmlich. Kein dreimonatiges Warten. Kein auf-Nummer-sicher-Gehen. Die ganze »Mischpoke« wurde angerufen. Oma. Opa. Tanten und Onkel: Wir bekommen ein Baby. Ich bekomme ein Geschwisterchen.

Sieben Jahre später sitzen meine Mutter und ich nun auf der Couch. Mein Papa ist beim Volleyball. Ich erzähle neben dem Krimi-Gucken vom Religionsunterricht. Wir haben uns zu Beginn des Halbjahres Themen wünschen dürfen. Hexen, Drogen und Abtreibung waren die klaren Favoriten unseres pubertären Mädcheninteresses.

An die Unterrichtsstunde zum Thema »Abtreibung« kann ich mich nicht wirklich erinnern. Obwohl es ein katholisches Mädchengymnasium ist, das ich besuche, kann ich mich auch nicht an eine eindeutige Indoktrination zu dem Thema erinnern. Ohnehin habe ich die Schule nie als moralistisch empfunden. Im Gegenteil. Ein Großteil meiner feministischen Überzeugungen wurden in meiner katholischen Schulzeit bereits gefördert. Ich erinnere mich lediglich an das Bild eines Embryos im Mutterleib. Farblich vor einem schwarzen Hintergrund, als ob der Fötus im Weltraum schweben würde. Dennoch muss die Stunde einen bleibenden Eindruck hinterlassen haben.

Denn: »Abtreibung ist Mord«, stelle ich auf meiner Récamière sitzend trocken und mit der Selbstsicherheit meines 15-jährigen (jungfräulichen) Egos fest. Ein Ego, das noch nie zitternd über einem Schwangerschaftstest gesessen hat. Ein Ego, das wie ein Pendel zwischen der kompletten Überforderung seiner pubertären Existenz und absoluter Sicherheit in Sachen Deutungshoheit aller Dinge hin und her schwingt. 15 sein. Auch das ist Antriebsmotor und Bürde in einem. Dieses gute Gefühl, gerade hier mit absoluter Sicherheit auf der richtigen Seite zu stehen. Über jeden Zweifel erhaben. Fühlt sich das gut an! Und ist fernab jedes Erfahrungshorizontes.

Abtreibung. Ein Begriff, der sich umgangssprachlich für einen rechtswidrigen Schwangerschaftsabbruch etabliert hatte. Klar wusste man davon. Auch schon vor der Reli-Stunde. Auch ohne Target-Marketing merkte man als junges Mädchen schnell, dass man zu der Informations-Zielgruppe gehörte. Und ich finde es verstörend, dass sich auch heute daran in meiner Wahrnehmung recht wenig geändert hat.

Dabei war erstmal offen, ob man Schwangerschaftsabbrüche als Ultima Ratio oder als Sakrileg betrachtete. Und in beiden Fällen schwang für meine jugendlichen Ohren mit, dass Frau da aber auch schon irgendwie selbst schuld ist. Das passiert halt, wenn man nicht aufpasst. Wobei das Spektrum der weiblichen »Unachtsamkeit« von »zu freizügig angezogen« über sogenanntes »schlampiges Verhalten« bis hin zu »nicht verhütet« alles heißen konnte.

Dennoch war das Thema bis zur Offenbarung meiner Mutter weit weg. Es war abstrakt. »Abtreibung« – allein das Wort rangierte gefühlt in derselben Kategorie wie die damalige Angst vor Aids und Drogen. Also irgendwo zwischen Heroin und *Wir Kinder vom Bahnhof Zoo*. Es war in meiner Teenager-Gedankenwelt definitiv nichts, was mit meiner Mama oder mit mir wirklich zu tun haben könnte. Privilegierte Naivität ist so ein verdammter Luxus!

»Miralein, ich muss dir was sagen: Ich habe abgetrieben.« – Abstrakt ist vorbei. Ich sitze auch nicht am »Bahnhof Zoo«, sondern zu Hause auf der weißen Couch. Mein eben noch gedankenvoller Kopf ist auf einmal leer. Mein Körper reagiert sofort. Ich renne zur Toilette und übergebe mich. Mit dem Abendessen kotze ich die Sicherheit meiner moralischen Deutungshoheit gleich mit aus. Tränen laufen über mein Gesicht.

Im Nachhinein würde ich sagen, dass diese starke physische Reaktion keine Bewertung des Handelns meiner Mutter war, sondern die Erkenntnis, wie grausam mein pauschales, salopp ausgesprochenes Urteil geklungen haben muss! Wie ein Faustschlag in die Magengrube, der mich jetzt selbst traf. Schmerzhaft. In diesem Falle aber auch heilsam.

Jetzt wurde aus weit weg ganz nah. Ich war betroffen. Somit änderte sich alles. Es ging nicht mehr um die Frage: richtig oder falsch? Gut oder schlecht? Es ging nur noch ums Verstehen. Verstehen wollen. Vielleicht die wichtigste, menschlichste und gleichzeitig göttlichste Kompetenz.

Ich setze mich wieder auf die Couch und höre zu. Und meine Mama erzählt. Erzählt mir, was passiert ist. Es ist keine Opfer-Geschichte. Keine Vergewaltigung. Meine Mutter war nicht zu jung oder zu mittellos. Es war auch kein unwilliger Exfreund oder eine schlechte sexuelle Erfahrung. Genauso wenig war es eine leichte Entscheidung. Es war eine Entscheidung, die ich bis heute nachvollziehen kann, auch wenn ich sie an dieser Stelle nicht weiter ausführen werde, auch weil ich diese Bewertungsskala, ab wann es »ok« ist abzutreiben, schwierig finde. In meiner Wahrnehmung müssen Frauen auch heute noch erstmal ein Mitleidsszenario vorweisen können, um einen Abbruch vor sich selbst und der Gesellschaft verantworten zu können. Dennoch war die Entscheidung schwer und mutig und geschah aus Liebe, und meine Mutter traf sie im wahrsten Sinne des Wortes mutterseelenallein. An jenem Abend macht meine Mutter vielleicht auch deshalb eines sehr deutlich: Egal was passiert, ich soll niemals das Gefühl haben, mit etwas allein zu sein.

Das Sex-vor-der-Ehe-Tabu gab es trotz des freikirchlichen Backgrounds bei uns in der Familie übrigens nicht. Selbstbewusst, eigenverantwortlich und frei sollte ich aufwachsen. »Schau, dass du verliebt bist beim ersten Mal«, wünschte mir meine Mutter bloß. Der Rest war meine Sache.

Nur niemals mutterseelenallein sollte ich mich fühlen, wenn etwas »schief« geht oder anders läuft als geplant. »Du kannst immer mit allem zu mir kommen.« Das hörte sich nicht wie eine typische Mutterfloskel an, sondern wie ein Pakt. Ich spürte, dass dies durch ihre eigene Erfahrung eine besondere Gesprächsdimension war. Sollte ich einmal in die Situation einer ungeplanten Schwangerschaft kommen, wäre ich von zu Hause aus keinerlei Verurteilung ausgesetzt. Während meine Mutter mir diese Predigt zum Thema »Egal-was-passiert-das-kriegen-wir-hin« hält, weine und schniefe ich gelegentlich in ein Stück umweltfreundliches Klopapier.

»Und Mira, ich glaube nicht, dass Gott mich verurteilt. Das habe ich nie geglaubt. Ich mag allein gewesen sein, aber nicht von Gott verlassen.« Meine Mutter beugt sich vor und schaut mich an. »Gerade die Tatsache, dass es dich gibt und deinen – Gott sei Dank – schlafenden kleinen Bruder drüben im Kinderzimmer. Dass Papa und ich eine glückliche Ehe führen. Dass wir alle die sind und werden konnten, die wir sind, reicht mir, um zu wissen, dass es richtig war.«

Auch in den folgenden Jahren betonte meine gläubige Mutter, wenn wir gelegentlich darüber sprachen, dass sie ihren Lebensweg nicht »trotz«, sondern wohl eher »durch« diese Erfahrung des Schwangerschaftsabbruchs in Gottes Händen zu deuten wusste. »Und damit wir uns hier nicht falsch verstehen, Mira, ich bin keine gebrochene Frau. Ich würde es wieder tun. Von allen Dingen auf der Welt hat mir dies nicht auf der Seele gelegen.«

So beantwortet die Lebenserfahrung meiner Mutter, der ich schlussendlich auch meine Existenz zu verdanken habe, mir an diesem Abend die Gretchenfrage des modernen Feminismus sowie aller »bibeltreuen« Christinnen und Christen dieser Welt: »Wie hältst du es mit der Abtreibung?«

»Wie stehst du als Pastorin zum Thema Abtreibung?« – 15 Jahre. Unzählige Lebensbegegnungen. Und gefühlt hundert Semester eines partylastigen Theologiestudiums später schießt mir der Abend wieder durch den Kopf, als mich eine Journalistin bei meinem ersten Zeitungsinterview als Pastorin danach befragt. Kennengelernt haben wir uns bei dem feministischen Netzwerk »Sorority« in der »Requisite«. Die Requisite ist eine Art Pop-up-Bar und ein Veranstaltungsraum, den ich gemeinsam mit Freundinnen und Freunden aus der Nachbarschaft betreibe. Hier finden seit Jahren die Netzwerktreffen der Sorority statt.

»Die Sorority ist eine unabhängige Plattform zur branchenübergreifenden Vernetzung und Karriereförderung von Frauen und als Frauen gelesenen Personen in Österreich«, heißt es auf der Webseite sorority.at.[10] »Die Sorority möchte all jenen Inspiration und Fundament bieten, die Berufliches feministisch denken und die Gleichstellung am Arbeitsmarkt vorantreiben wollen. Aus diesem Grund organisiert das Netzwerk Monatsversammlung zum informellen Austausch, Workshops zur Weiterbildung oder Diskussionsveranstaltungen.«

Bei einem sogenannten informellen Austausch besteht für alle Anwesenden die Möglichkeit, sich kurz vorzustellen. Im Anschluss findet man sich dann zwecks Eroberung der Welt bei Kaltgetränken zusammen. Eigentlich wollte ich nur die Bar machen und bin dann doch mittendrin in der Vorstellungsrunde. »Mein Name ist Mira Ungewitter. Ich bin Theologin, Pastorin und ich betreibe mit Freunden diese Bar hier.«

Meinen Beruf zu nennen, fühlt sich manchmal so an, als würde ich mich als Hogwarts-Absolventin im Fachgebiet »Dunkle Künste« outen. Gerade als Pastorin ist es nicht immer ganz leicht, zwischen den sich schnell formierenden Lagern zu springen. Als Feministin ist man nicht nur in konservativ-christlichen Kreisen per se verdächtig, einer »falschen Lehre« anzuhängen. In feministischen Kreisen muss man hingegen erstmal beweisen, dass man nicht mit dem patriarchalen System der Kirche im Bett liegt.

In der Runde befindet sich Journalistin Julia, die für die *Wiener Zeitung* schreibt. Für das bevorstehende Weihnachtsfest ist ein Artikel über Frauen in Leitungspositionen in den sogenannten abrahamitischen Religionen geplant. Abrahamitisch sind die Religionen, die sich in ihrer Wurzel und Entstehung auf den sogenannten Stammvater Abraham beziehen. In der chronologischen Entstehungsgeschichte handelt es sich dabei um das Judentum, das Christentum und den Islam. Alle berufen sich in ihren heiligen Schriften auf den Stammvater Abraham – auch hier lässt das Patriachat lieb grüßen. Unter der Überschrift »Göttliche Autoritätin« wird Julia geistliche Leiterinnen, darunter eine Rabbinerin, eine Imamin und ich, zu unseren Religionen und unseren feministischen Standpunkten befragen. Julia plant auch mit mir ein Interview.

Für das Interview führen wir ein Vorgespräch am Telefon. Am darauffolgenden Sonntag will sie dann in meinem Gottesdienst vorbeikommen. Ich weiß noch, wie ich etwas aufgeregt an meinem Küchentisch sitze und auf den Anruf warte. Seit ich Pastorin in Wien bin, ist das Leben eine einzige Achterbahnfahrt. Neu im Beruf, neue

Stadt, neues Leben. Jetzt die neue Erfahrung, interviewt zu werden. Wir sind beide Anfang 30. Das Telefongespräch ist angenehm und solidarisch.

In dem Zusammenhang erzählt mir Julia von ihrem persönlichen Zugang zum Thema »Kirche«. Dazu muss man sagen, dass »die Kirche« in Österreich noch selbstverständlicher als in Deutschland mit der römisch-katholischen gleichgesetzt wird. Protestantische Gläubige, also die Mitglieder der evangelischen Kirchen und auch Freikirchen, sind hier in der deutlichen Minderheit. Das hat nicht zuletzt historische Gründe: In Österreich hat das katholische Herrscher- und Herrscherinnenhaus der Habsburger starke Spuren hinterlassen. Man spricht auch vom Land der Gegenreformation. Also jene Strömung, die den durch die Reformation aufkommenden Protestantismus unterdrückte und bekämpfte. Auch wenn die Zeit dieser Kämpfe längst vorbei ist, ist der Protestantismus beziehungswiese das Evangelischsein immer noch ein bisschen besonders im primär katholischen Österreich, und weckt im Idealfall Neugier. So auch bei Julia.

Viele Menschen, die mir begegnen, neigen dazu, mir ihren eigenen Zugang oder auch ihre Abneigung zu Kirche, Glauben, Religion und Gott darzulegen. Auch viele Menschen, für die ihre Zugehörigkeit zur katholischen Kirche lange selbstverständlich war oder immer noch ist. Nicht alle würden behaupten, sie glauben an Gott oder gar an die Lehren der katholischen Kirche.

Dennoch denken viele mit einem Lächeln an ihre gläubige Oma. Erinnern sich an feierliche Christmetten mit Chor und Posaunen. An das etwas kitschige, aber dennoch damals wunderschöne Kommunionskleid. Aber auch an Beicht- und Höllenangst. Kalte Kirchenräume und schier ewige Stunden der Langeweile. Wenn nicht an Schlimmeres.

Auch Julia ist in Österreich im Rahmen der katholischen Frömmigkeit und Tradition aufgewachsen. Das Zeitungsporträt ist für sie auch eine kritische Auseinandersetzung mit ihrer eigenen Tradition, Religion und Prägung. Gerade die Tatsache, dass außerhalb der katholischen Kirche auch Frauen als Geistliche arbeiten dürfen, fasziniert sie. Nach einigen Minuten ist das Vorgespräch gelaufen, und ich freue mich auf die Fortführung am Wochenende.

Für das eigentliche Interview sind wir am kommenden Sonntag verabredet. Julia und der Fotograf nehmen am Gottesdienst im alten Ballsaal teil. Wie viele Freikirchen hat auch meine Gemeinde keinen klassischen Kirchenbau, sondern vielseitig nutzbare Räumlichkeiten. In unserem Fall darf ich mit etwas Stolz sagen, ist die Location besonders schön. Seit 2015 finden die Gottesdienste in einem rund hundert Jahre alten Ballsaal statt. Der große Gewölberaum mit den zwei riesigen kreisrunden Dachfenstern dient unterschiedlichsten außerkirchlichen Veranstaltungsformaten. Zusätzlich entstehen hier außerdem ein Coworking-Space und ein Café.

Der Gottesdienst ist gerade vorbei. Noch brennen die weißen Kerzen am Adventskranz. Es ist dieser für Pastorinnen und Pastoren ambivalente Zeitpunkt. Die erste Anspannung nach der Predigt fällt ab, gleichzeitig bieten sich gerade dann die wichtigsten Begegnungsmomente. Viele Leute kommen, um sich kurz oder lang mit einem zu unterhalten. Diese Momente zwischen Tür und Angel, beziehungsweise zwischen Predigt und Kirchenkaffee oder Kirchenbier können alles beinhalten: Ein wie auch immer geartetes Predigtfeedback. Einen Hinweis auf fehlendes Klopapier. Oder Ad-hoc-Seelsorge zwischen den Extremen des Lebens. Trennung oder Hochzeit. Endlich schwanger oder die zweite Fehlgeburt. Neuer Job und Zukunftsangst. Ähnlich wie bei einem After-Work-Meeting finden hier die wirklich zukunftsweisenden Gespräche statt. Dass dieses Interview ebenfalls auch meine Zukunft maßgeblich beeinflussen wird, weiß ich zu diesem Zeitpunkt noch nicht.

Julias Artikel sollte später einen medialen Schneeballeffekt in Gang setzen, der seinen vorläufigen Höhepunkt in einem Porträt in der *ZEIT* findet und in einem Buchvertrag mündet. Im Rückblick wird mir manchmal schwindelig, wenn ich daran denke, wie sich durch eine Begegnung, ein Gespräch so viel verändern kann.

Das Interview für die *Wiener Zeitung* fühlt sich ähnlich locker an wie das Telefonat. Wir plaudern, während ich die Kerzen im Ballsaal nach der Predigt auspuste und ein paar Tassen vom Kirchenkaffee wegräume. Der Gottesdienst findet bei uns zu einer studenten- und auch sonst menschenfreundlichen Zeit, nämlich um 17 Uhr mit Bar im Anschluss statt. Mit einem Augustiner in der Hand. Unbedarft stelle ich mich den Fragen. Alle sogenannten »heißen Eisen« kommen dran. Die Frage nach der Jungfrauengeburt Marias. Die Rolle der Frau. Umgang mit Homosexualität. Und natürlich meine Einstellung zu Schwangerschaftsabbrüchen.

»Wie stehst du als Pastorin zum Thema Abtreibung?« – Für einen Moment sitze ich wieder auf der weißen Couch und denke an die Worte meiner Mutter. Hinzu kommt meine eigene Lebenserfahrung als Freundin und Seelsorgerin von Frauen, die ungeplant schwanger waren. Gleichzeitig weiß ich natürlich um die Brisanz der Frage in der kirchlichen, feministischen sowie in der gesamtgesellschaftlichen Debatte. Hinzu kommt, dass mir als Pastorin die Aufgabe innewohnt, nicht nur mich, sondern auch meine Gemeinde in öffentlichen Aussagen zu vertreten. Dennoch ist meine Überzeugung – und so habe ich meinen Glauben schon immer verstanden –, dass ich als Christin auch schwierigen Fragen nicht auszuweichen brauche, sondern im Gegenteil ganz transparent mit meinem Weg und meinen Überzeugungen umgehen kann. Dabei lege ich Wert darauf, genau zu erklären, wie ich zu welcher Position stehe und welche Argumente mich letztlich dazu geführt haben. Natürlich habe auch ich noch viele Fragezeichen. Zu meiner eigenen Unwissenheit stehe ich, höre gerne zu, wenn mir die Expertise fehlt. Ich traue keinem Menschen, schon recht keinem religiösen, der auf alles eine Antwort hat. Und manchmal braucht eine Antwort auch Zeit. Und wenn sie gut ist, bringt sie neue Fragen gleich mit. Jetzt stehe ich in meinem ersten Jahr als Pastorin wieder vor dieser Frage und ringe nach einer guten Antwort für ein komplexes Thema.

Ich beginne damit, dass es zu meinem Selbstverständnis als Seelsorgerin gehört, eine offene Haltung gegenüber den Menschen zu haben, die sich mir anvertrauen. Darüber hinaus glaube ich, dass nur in der Freiheit einer ergebnisoffenen Atmosphäre gute und langfristig tragende Entscheidungen getroffen werden können. Meine Aufgabe als Seelsorgerin ist dabei nicht, selbst eine Entscheidung zu treffen oder zu beeinflussen, sondern den Entscheidungsprozess zu begleiten – emotionales und reales Händchenhalten, unabhängig davon, wie die Entscheidung am Ende ausfällt. Egal ob es bedeutet, jemanden gegebenenfalls zum Abbruch zu begleiten oder die Umstandsmode auszusuchen. In jedem Fall bin die Verbündete meines Gegenübers. Julia schreibt fleißig auf einem kleinen Notizblock mit und nickt, und ich denke kurz nach:

»Es gibt eine Spannung, ein Unbehagen in mir«, gebe ich zu. Die Möglichkeiten pränataler Diagnostik empfinde ich als wundersam und schwierig zugleich. Ich möchte uneingeschränkt für das Selbstbestimmungsrecht der Frau sein und zugleich finde ich den Gedanken schmerzhaft, dass ein gesamtgesellschaftlicher Druck entsteht, dass nur ein nicht behindertes Leben lebenswert ist.

Dabei denke ich an die Vehemenz, mit der meine Mutter sich einer Fruchtwasseruntersuchung verweigerte. Soweit ich mich erinnere, stand hinter dem Angebot dieser Diagnostik, abzuklären, ob das Kind vielleicht das Down-Syndrom hat. Was hat meine Mutter damals gesagt? »Und wenn schon? Hauptsache glücklich!«

Auch hier nickt Julia schreibend. Wir beide schweigen einen Moment lang und verlassen den staubigen Ballsaal schließlich. Dann kommt im Gehen die letzte Frage: »Ist Abtreibung denn Sünde?«

Mir ist klar, dass nun weder genug Zeit noch dies das richtige Medium ist, diesen so schwierigen und missbrauchten Begriff – Sünde – zu erklären, und mir schießt meine Antwort durch den Kopf: »Zu diesem Dogma oder zu diesem Schluss, dass Abtreibung grundsätzlich eine Sünde ist, dazu komme ich in meinen Überlegungen zu Gott und zum Glauben nicht.« Die Journalistin nickt zustimmend und das offizielle Gespräch ist vorbei. Bei Kerzenlicht, Schinkenkäsetoast und Bier klingt der Sonntagabend im Café aus.

Eine Woche später. Heiligabend 2016. Heute erscheint der Artikel mit dem Interview. Also an dem Tag, an dem die Christenheit die Geburt Jesu feiert und an die unmögliche Möglichkeit glaubt: Dass Gott als kleines Baby in einem Stall in einem Jerusalemer Vorort zur Welt kommt. Gott also Mensch oder auch menschlich wird, als Ergebnis einer ungeplanten Teenagerschwangerschaft. Stille Nacht. Heilige Nacht, in der Gott seinen machtvollen Hoheitsbereich verlässt und in einer Krippe in Windeln liegt, mit allem, was sich in Windeln so finden lässt. Heiligste Nacht, in der Gott allein durch eine junge Frau nicht nur handelt, sondern vollkommen abhängig von ihr ist, durch sie lebendig wird. Maria wird ihr Baby »Jesus« bzw. »Yeschua« nennen: Das bedeutet »Gott rettet«. Maria, die wahre göttliche Autoritätin. Wahrscheinlich nicht älter als 14, 15 Jahre, das heiratsfähige Alter in der Antike. Also ungefähr so alt wie ich, als ich mit meiner Mama auf der weißen Couch saß und meine Deutungshoheit mich verließ und ich sie das Klo runterspülte.

Wiederum 15 Jahre später titelt es »Göttliche Autoritätin« über meinem Foto. Gott hat einen interessanten Sinn für unmöglich möglichen Humor. In dem Artikel finden sich gut zusammengestellt meine Kernaussagen aus dem mehrstündigen Gespräch, inklusive des letzten Satzes mit dem Dogma.

Ich google zur Sicherheit nochmal die Definition: Unter einem »Dogma« versteht man laut Wikipedia eine feststehende Definition oder eine grundlegende, normative Lehraussage, deren Wahrheitsanspruch als unumstößlich festgestellt wird.[11] Ich nicke in mich hinein. Welcher Mensch kann schon den Anspruch erheben zu wissen, was als allein wahr, allgemein- und über alle Zeit hinweg gültig oder verbindlich zu gelten hat?

Ich weiß an diesem Weihnachtstag noch nicht, wie viel Ärger mir dieser Satz noch einbringen wird. Es vergehen einige Wochen ohne nennenswerte Reaktionen. Die üblichen Likes auf Facebook im eigenen Feed. Ein paar Gratulationen und Ermutigung aus meiner neuen feministischen Bubble bei Sorority.

Dann kommt die E-Mail. Sie geht nicht an mich persönlich. Bis sich überhaupt jemand die Mühe macht, mit mir persönlich zu sprechen, werden wieder einige Wochen vergehen. Die Mail geht an die Bundesleitung der Baptistinnen und Baptisten in Österreich.

Zehn von den insgesamt 40 Baptistengemeinden in Österreich oder besser gesagt deren Leitungen fordern einen Widerruf meiner Aussage und legen mir nahe, ansonsten den Bund der Baptisten Österreichs zu verlassen. Ein Jahr nach Beginn meines Dienstes soll ich alles wieder aufgeben. Die Mail schlägt mir mit Kraft auf den Magen, besonders auch die Tatsache, dass sie mich erst über einige Umwege erreicht hat.

Juristisch betrachtet gibt es zwar keinerlei Möglichkeiten, mich zu entlassen, da meine Arbeitgeberin meine Gemeinde ist, von der ich viel Rückhalt erfahre. Dennoch trifft mich die Nachricht, und ich bin auch nicht erpicht darauf, auf der Bundeskonferenz zum Tagesordnungspunkt zu werden.

Dazu muss man das System verstehen. Anders als beispielsweise in der katholischen oder den meisten evangelischen Kirchen gibt es keine Hierarchie der Ämter. Also auch keine Bischöf:innen oder gar einen Papst. Der Baptismus vertritt ein sogenanntes kongregationalistisches Gemeindemodell, das heißt jede Ortsgemeinde darf die Schwerpunkte ihrer theologischen Ausrichtung selbst bestimmen. Dadurch sind innerhalb des Baptismus die Strömungen von konservativ bis progressiv sehr stark ausgeprägt. Auseinandersetzungen, Diskussionen und Streitigkeiten gab es natürlich schon seit Beginn seiner vierhundertjährigen Geschichte. Aber auch die Stärke, Spannungen miteinander auszuhalten und die unterschiedlichen theologischen Erkenntnisse und Überzeugungen miteinander zu er-tragen. Auch wenn die Gemeinden in ihren Ausrichtungen weitestgehend unabhängig sind, sind sie dennoch in Bünden sowohl auf Landes- als auch internationaler Ebene organisiert.

Im Baptismus ist es ein bisschen wie in Hogwarts: Alle Häuser sind Teil der Schule für Hexerei und Zauberei, dennoch haben Gryffindor, Hufflepuff, Ravenclaw und Slytherin unterschiedliche Stärken, Schwächen und Vorstellungen, wie und wofür denn nun Zauberei einzusetzen ist. Die baptistischen Gemeinden sind also Teil eines Bundes und fühlen sich ihrem Glauben und ihren Überzeugungen verpflichtet, kommen aber zu ganz unterschiedlichen ethischen Schlussfolgerungen. Das Zauberwort heißt hier daher: Ambiguitätstoleranz. Dieses superklug daherkommende Wort bezeichnet die Fähigkeit oder, sagen wir mal, den Versuch, unterschiedliche Meinungen, mehrdeutige Situationen und widersprüchliche Handlungsweisen in einer Gruppe zu ertragen.

Sich gegenseitig zu ertragen, ist aber nicht nur zwischen Gryffindor und Slytherin besonders schwierig. Es gilt, Meinungen auszuhalten. Schlimmer noch: Tiefe Glaubensüberzeugungen zu ertragen, obwohl man sich derselben Sache verpflichtet und zugehörig fühlt, ist ein Kraftakt sondergleichen. Und irgendwann stößt die Toleranz dann doch an Grenzen.

In den letzten Jahrzehnten ist dieser Grenzpunkt erreicht, wenn es um sexualethische Themen geht. Die Schlagworte lauten meist: Abtreibung und Homosexualität. Aber auch Themen rund um Geschlechteridentität und Genderfragen werden, ähnlich wie in der gesamtgesellschaftlichen Debatte, viel diskutiert.

An sich haben die beiden Themen Homosexualität und Schwangerschaftsabbrüche recht wenig gemeinsam. Außer dass sie nicht so recht in das Bild der Kleinfamilie der Dr.-Oetker-Werbeidylle der Fünfzigerjahre passen wollen, in der der Vater der Hausherr ist, die Frau adrett gekleidet Pudding kocht und die Kinder artig sind. Irrtümlicherweise haben viele Christ:innen sich genau diese Idylle zur Visitenkarte ihrer Rechtgläubigkeit gewählt. Mann. Frau. Ein bis vier Kinder. So sieht auch für viele junge Christ:innen die wahre Jesusnachfolge aus. Alternative Familienmodelle und anders Liebende verunsichern das selbstgewählte Ideal. Patchwork-, Regenbogen-Familie oder Co-Parenting lösen diffuse Ängste aus. Vater. Mutter. Kind(er). Alles andere weicht ab. Und was abweicht, steht im Verdacht, nicht richtig zu sein.

Und dass genau die Frau aus der vermeintlichen Familienidylle sich einem dritten Kind nicht mehr gewachsen fühlt, wird einfach verdrängt. Ein Großteil der Frauen, die sich für einen Abbruch entscheiden, sind bereits Mütter. Genauer gesagt haben über sechzig Prozent bereits mindestens ein Kind.[12] Sehr hilfreich finde ich in diesem Zusammenhang die Initiative »Mehr als du denkst. Weniger als du denkst« von den *Doctors for Choice Germany*. Sowohl über Social Media als auch über die Homepage sind hier Zahlen und Statistiken über Schwangerschaftsabbrüche aufgeführt. Die Aufklärungskampagne räumt mit den Mythen rund um Schwangerschaftsabbrüche auf.

Dass nun ausgerechnet eine junge Pastorin es öffentlich wagt, differenziert über Abbrüche zu sprechen und zu behaupten, dass sie nicht zu dem Dogma komme, dass Abtreibung eine Sünde sei, ist für einige Glaubensgeschwister der größtmögliche Affront. Zumal für manche die Tatsache, dass ich als Frau das Amt bekleide, schon schwer auszuhalten ist. Das entnehme ich zumindest dem scharfen Ton und dem Ultimatum der E-Mail mit meiner Rücktrittsforderung, die mich nun seit einigen Wochen beschäftigt. Mittlerweile konnten die entsprechenden Verfasser, also Männer aus den Leitungsgremien der zehn Gemeinden, sowie mein Kolleg:innenteam und ich uns darauf einigen, vielleicht erst einmal miteinander zu reden.

Nach langem Hin und Her kommt es zu einem Treffen, bei dem ich Stellung beziehen darf, soll bzw. muss. Kommt drauf an, wie man es sieht. Ort der Auseinandersetzung ist ein Multifunktionsraum in unserem ehemaligen Kirchengebäude. Weiße Wände. Konferenztische. Mineralwasser und angespannte Stimmung. Die Kolleg:innen aus meinem Pastoral-Team weichen nicht von meiner Seite. Durchatmen.

Es geht um Erklärung, nicht um Rechtfertigung, aber um Verständigung. Die Lager überwinden. Einander zuhören und erklären. Nicht nur argumentieren, um zu gewinnen, sondern um im besten Falle einander wirklich eine neue Perspektive zu erschließen. Im Kopf sag ich mir immer wieder auf: »Es ist die Liebe, die eben nicht gegen, sondern um-einander kämpft.« Diesen etwas kryptischen Satz habe ich selbst in einer Predigt aufgeschnappt. Mit diesem Mantra versuche ich mich so gut es geht an der Nächstenliebe festzuhalten, die auch für die Leute gilt, die mich gerade sehr wütend machen. Auch in ihnen das Gute zu sehen. Versuchen, ihren Standpunkt zu verstehen und gleichzeitig meine Argumente stark zu machen. »Umeinander kämpfen«, im Sinne von »einen solchen Aha-Effekt erzeugen«, wie ich ihn damals mit 15 hatte, als meine Mutter mir ihre Geschichte erzählte. Bei solchen Debatten geht es ja nicht darum, aus Prinzip zu gewinnen, sondern neue Perspektiven aufzuzeigen. Gott ist das schwer.

Wir sind vielleicht 15 Leute im Raum. Ich weiß nicht mehr, ob darunter insgesamt zwei oder drei Frauen waren. Gefühlt auf jeden Fall ein repräsentativer Schnitt, der Frauenanteil ist weitaus geringer als der Männeranteil.

Ich frage mich, ob irgendjemand der anwesenden Männer schon mal einen Artikel aus der Perspektive einer betroffenen Frau gelesen oder gar mit einer Frau gesprochen hat, die ungeplant schwanger war.

Aber warum auch mit Betroffenen sprechen?! Oder eine andere Perspektive einnehmen? Viel zu kompliziert. Regeln. Dogmen. Gesetze. Fertig.

Ich sitze am Tisch. Die meisten trauen sich nicht wirklich, mich anzuschauen. Per E-Mail wirkten die Ankläger mutiger. Für mich ist klar, dass es hier nicht um das Revidieren meiner Aussage, sondern um das Verständlichmachen geht, wovon ich als Pastorin und als Seelsorgerin zutiefst überzeugt bin. Dass die Begegnung, dass der Mensch immer wichtiger ist als das Dogma.

Ich gebe das Interview und die Situation wieder, erzähle erneut, dass ich für das Leben in allen Formen und Farben bin. Dass ich die Vorstellung von einer Gesellschaft unerträglich finde, die Schwangeren suggeriert oder, schlimmer noch, aufdrängt, Kinder mit Behinderung zu selektieren. Dass ich genau hier eine Stärke des christlichen Glaubens sehe: Menschen anzunehmen und zu feiern, so wie sie sind. Unterstützungsräume zu schaffen, wo Menschen vielleicht erstmal überfordert sind. Mut machen. Empowern. Netzwerke schaffen. Wobei ich dennoch deutlich mache, dass ich glaube, dass das ganz unterschiedliche Ausgangspunkte sind: Ob ich ein Wunschkind erwarte und auf einmal eine Diagnose im Raum steht. Oder ob ich ungewollt schwanger bin.

In jedem Fall steht für mich als Seelsorgerin fest, dass ich so neutral, wie es mir möglich ist, in eine Gesprächssituation hineinzugehen habe.

Aus meiner Erfahrung heraus ist dies ohnehin die Voraussetzung dafür, dass ich um Rat gefragt werde. Dass Menschen das Gefühl haben, mit mir offen über alles reden zu können. Abwägen dürfen. Die inneren Gedanken laut auszusprechen. Wenn ich ungeplant schwanger wäre, würde ich auch mit niemandem reden wollen, der mich bei der Wahl eines Abbruchs als »Mörderin« bezeichnet. Meine Überzeugung lautet: Die Seelsorgerin muss ein menschlicher Safe Space sein. Daher glaube ich auch, dass sogenannte »Lebensrechter« oder »Lebensschützer«, so die beliebte Selbstbezeichnung von Abtreibungsgegner:innen, paradoxerweise genau die Menschen sind, mit denen man *nicht* sonderlich gut über »das Leben« sprechen kann.

Im Verlauf des Abends gelingt es mir zumindest vage, mich verständlich zu machen. Glaube ich zumindest. Die Stimmung ist okay, verändert sich dann aber signifikant, als von ungeahnter Seite »Hilfe« herbeieilt. Ein sonst recht laut auftretender Pastor um die 60 Jahre aus dem konservativen Lager beginnt in stiller Besonnenheit von der wohl schwersten Zeit seines Lebens zu berichten, als er als junger angehender Vater vor Jahrzehnten beinahe seine Frau verloren hätte. Er schildert den komplizierten Schwangerschaftsverlauf und die widersprüchlichen Aussagen der Ärzt:innen. Trotz des hohen Risikos für ihr eigenes Leben hatte sich seine Frau entschieden, das Kind zu bekommen. Vor dem Geburtstermin kam es dann aber zu erheblichen Komplikationen und einem hohen Blutverlust. Seine Ehefrau fiel ins Koma. Wie durch ein Wunder überlebten Mutter und Kind.

Hätte er eine Entscheidung zwischen dem Ungeborenen und seiner Frau treffen müssen, gibt er offen zu, hätte er sich für das Leben seiner Frau entschieden. Das Gefühl der Ohnmacht, auch Jahrzehnte später, ist ihm anzumerken. Auch die Erleichterung, dass nicht nur alles gut ausgegangen ist, sondern dass sie letztendlich keine Entscheidung treffen mussten. – Alle im Raum sind still. Die Anspannung ist nicht weg. Aber sie hat eine andere Qualität. Ich habe das Gefühl, von der Anklagebank in den Zeugenstand gerutscht zu sein.

Auch wenn wir längst nicht alle einer Meinung sind, wurden zumindest die gegenseitigen Feindbilder etwas entschärft. Mein Kollege entschuldigt sich bei mir für das Vorgehen gegen mich. Die Forderung, mich aus dem Bund zu entlassen, wird letztendlich zurückgezogen.

Bis heute bin ich diesem einen Kollegen sehr dankbar. Ich weiß, dass es ihn Überwindung gekostet hat und dass dahinter die aufrichtige Absicht stand, mir beizustehen, und dies mit einer höchstpersönlichen emotionalen Lebensgeschichte. Meine Hochachtung dafür. Dennoch ist in dieser Runde nicht nur Positives passiert. Das wurde mir erst einige Jahre später in der Rückschau klar, weil es sich in Folgedebatten unterschiedlich deutlich wiederholte: In der Sekunde, in der Männer sich in die Debatte einschalten, wird der Diskurs, egal in welche Richtung, tragfähiger. Und hier kommen wir meines Erachtens zu dem Kernproblem der Debatte. Die Frage ist nämlich nicht die, ob es Schwangerschaftsabbrüche geben darf oder geben wird. Sondern wer darüber entscheidet. Häufig wird der »Schutz des ungeborenen Lebens« als Argument gegen das Selbstbestimmungsrecht von Frauen ins Feld geführt.

Ein Blick in die Geschichte zeigt aber, dass es eben keine Fürsorge, sondern Interessen eines patriarchalen Systems sind, die über die Rechtslage von Frauen entscheiden. Dabei steht eben nicht der Schutz vermeintlichen Lebens im Vordergrund, sondern männliche Hoheitsansprüche, Staats- oder Kriegsinteressen.

In der Antike herrschte ein streng patriarchales System. Der Hausherr war Besitzer der Güter, aber auch »Besitzer« der Frau und seiner Kinder. So erlässt beispielsweise der römische Kaiser Septimius Severus im 2. Jahrhundert nach Christus ein Edikt, in dem er Abtreibung unter Strafe stellt, da die Frau auf diese Weise ihrem Mann den »Besitz« seines Kindes vorenthält. Gleichzeitig verfügen die Hausväter sehr wohl über das Recht zu bestimmen, ob ein Kind leben darf oder nicht. Diese patriarchale Selektion, die häufig durch das Töten der Neugeborenen vollzogen wurde, betraf vor allem »schwächliche« Kinder. Kinder mit Behinderung oder Mädchen. Friedhofsanalysen stützen die These, dass in erster Linie Mädchen nach der Geburt umgebracht oder ausgesetzt wurden.

Das antike Judentum verhält sich hier auffällig anders. So verurteilt der jüdische Philosoph Philo von Alexandrien im 1. Jahrhundert nach Christus die grausamen Praktiken der paganen, also der nichtjüdischen Umwelt, Kinder zu töten.

Die hohe Wertschätzung des Lebens eines jeden einzelnen Menschen wird vom Christentum in der Praxis übernommen, wenn auch das Neue Testament, also der wichtigste christliche Text, das Thema nicht behandelt. Was äußerst erstaunlich ist, wenn man darüber nachdenkt, dass es heute zu den Kernfragen christlich-ethischer Diskussionen gehört. Neben den 27 Einzeltexten des Neuen Testaments entstehen allerdings noch mannigfaltige weitere Texte von christlichen Urheber:innen. Einer der frühesten Texte, die Didache, eine Art Kirchenordnung aus dem 1. Jahrhundert nach Christus, spricht sich erstmals auch deutlich gegen Abtreibung aus. Gleichzeitig bildet das junge Christentum mit seinen Gemeinden eine Art Sozialsystem aus, in dem Arme, Waisen und Witwen sowie ausgesetzte Kinder aufgenommen und versorgt werden. Ungewollt Schwangeren wird also durch Hilfestellungen und nicht durch Strafe entgegengekommen. Hilfe statt Strafe. Dies ändert sich mit der konstantinischen Wende maßgeblich. Als das verfolgte Christentum mit Kaiser Konstantin im 4. Jahrhundert sich immer mehr zur Staatsreligion mausert und seine friedliche Unschuld verliert, ändert sich auch das römische Recht und bestraft Abtreibung mit dem Tod durch das Schwert. Die Kirchenmänner alter Zeiten sind sich ebenfalls einig, dass Abtreibung sündig sei, und diskutieren dabei die Frage, ab wann eine Leibesfrucht denn nun Mensch sei. Sie übernehmen dabei häufig die Idee der sogenannten sukzessiven Beseelung des Aristoteles, nach der die vernunftbegabte Seele in drei Phasen der Schwangerschaft entsteht. Die Herren waren zudem der Überzeugung, dass Männer schneller seelen-fertig sind, nämlich nach 40 Tagen. Für Frauen war eine doppelt so lange Zeit vorgesehen. Damit haben sie allerdings auch unbewusst eine 80-tägige Fristenlösung geschaffen, in der ein Abbruch nicht bestraft wurde: So entschied Papst Innozenz III. im Mittelalter, im Fall der Geliebten eines Kathäusermönchs, die auf Drängen des Mönches abgetrieben hatte, dass der Mönch unschuldig sei, da der Embryo gemäß der aristotelischen Biologie noch nicht beseelt war. Die Argumentationskette verlief dabei wie folgt: Da die Bestimmung des Geschlechtes des Embryos natürlich nicht möglich war, hielt man dem Mönch zugute, dass es sich mit hoher Wahrscheinlichkeit um eine potenziell weibliche Nachkommenschaft gehandelt haben könnte. Nach dem Motto: Im Zweifel für den Angeklagten. Dieser nicht nachweisbare Zustand wurde nun als Tatbestand vorausgesetzt. Gemäß der aristotelischen Biologie setzte die Beseelung ja erst nach 80 Tagen ein. Da die Nötigung zum Abbruch aber vorher stattfand, wurde somit keine strafbare Abtreibung nach damaliger Rechtslage vollzogen.

So einfach kann es gehen, wenn männliche Interessen geschützt werden sollen. Ähnliche Mechanismen wirken auch heute noch, wenn beispielsweise katholische Priester, die sich einer Vergewaltigung strafbar gemacht haben, ihre Opfer zum Abbruch zwingen. Davon berichtet auch Doris Reisinger: Die ehemalige Ordensfrau wurde selbst von einem Priester vergewaltig und brachte dies zur Anzeige. Ihre Geschichte erzählt sie in mehreren Publikationen, unter anderem in ihrem 2014 erschienen Buch »Nicht mehr ich. Die wahre Geschichte einer jungen Ordensfrau«[13] und in der preisgekrönten Dokumentation »Female Pleasure« (2018). In einem Interview für das internationale Medienportal *DW* spricht sie auch über Ordensfrauen, die von Priestern missbraucht und später von ihnen zur Abtreibung gezwungen wurden. »Da erwarte ich, dass es eine Entschädigung gibt und eine ordentliche, unabhängige Aufklärung«, fordert Reisinger.[14] Es gäbe sogar Fälle, bei denen Ordensfrauen an nicht professionell durchgeführten Abtreibungen verstarben. Doris Reisinger war auf Berichte der Ordensfrau Maura O'Donohue gestoßen, die als Ärztin weltweit wirkte und die schon 1994 einen detaillierten Bericht über diese Fälle verfasst hatte, die sogar offiziell vom Vatikan bestätigt worden waren. Während die Ordensfrauen nach dem Missbrauch und der Abtreibung aus ihren Orden ausgeschlossen worden waren, waren die Priester in der Regel nur versetzt worden. Dass Ordensfrauen an von Priestern erzwungenen, nicht professionell durchgeführten Abtreibungen verstarben: Die Bigotterie, die Doppelmoral, schlicht die Grausamkeit dahinter ist kaum zu ertragen.

Es ist längst überfällig, dass sich kirchliche Instanzen einfach mal sehr lange in Demut üben und vor der eigenen Haustüre kehren.

Durch die Geschichte lassen sich unendlich viele gute und schlechte Überlegungen zu dem Thema finden. In der neueren Geschichte ist die Debatte nicht minder eine Machtfrage. Wurde nicht zuletzt Trump durch seine vermeintliche Pro Life-Haltung von konservativen Christ:innen ins Amt gehoben? Und in der Corona-Krise haben Länder wie Polen und Ungarn als erstes per Notstandsgesetz die Selbstbestimmungsrechte von Frauen eliminiert. Zahlreiche Frauenproteste wurden dabei ignoriert.

Weibliche Selbstbestimmung. Nichts scheint größere Angst hervorzurufen. Selbstbestimmt darüber entscheiden zu dürfen, ob eine Frau schwanger sein kann und möchte.

***

Gibt die Bibel nicht doch etwas her? Keine der biblischen Erzählungen thematisiert einen Schwangerschaftsabbruch. Im Gegenteil gibt es viele Erzählungen von Frauen, die sich Kinder wünschen. Nicht zuletzt, weil Kinderlosigkeit nicht naturwissenschaftlich erklärt, sondern als vermeintlich göttliche Schande oder Strafe verstanden wurde. Außerdem galt ein gewisser Kinderreichtum, vor allem, wenn es sich um ausreichend Söhne handelte, auch als Teil der Altersversorgung. Oft gibt es dann ein unerwartetes Happy End, und eine Frau wie Sara, die Ehefrau Abrahams im Alten Testament (Genesis 17,17), bekommt trotz hohen Alters und obwohl sie die Hoffnung längst aufgegeben hat doch noch das langersehnte Kind. Sie gilt sogar als Erzmutter Israels (Jesaja 51,1-2).

Trotzdem kennt die Bibel zumindest die Geschichte einer ungeplanten Schwangerschaft, die gleichzeitig eine der wohl berühmtesten Erzählungen der Welt ist: die Weihnachtsgeschichte. Oder besser gesagt, die Geburtsgeschichte Jesu und seiner Mutter Maria von Nazareth. In 2000 Jahren wurde diese Geschichte romantisiert. Kunstwerke, Krippenspiele und kitschige Weihnachtslieder erzeugen eine harmlos wirkende Kleinfamilien-Kulisse, inklusive Krippe.

Schaut man sich die biblische Geschichte im Evangelium nach Lukas, der wir das Weihnachtsfest zu verdanken haben, genauer an, ist die sogenannte »Ankündigung der Geburt Jesu« genau das: eine für Maria unerwartete, ungeplante und eigentlich unmögliche Schwangerschaft. Maria hat damit weder gerechnet noch hat sie geplant, schwanger zu werden.

An dieser Stelle möchte ich gar nicht erneut auf die Frage der Jungfrauengeburt oder die historische Einordnung des Textes eingehen. Sondern einfach den Tatbestand hervorheben, dass dieser Text seit über 2000 Jahren überall auf der Welt erzählt wird. Er ist schlicht auch Teil unserer Kulturgeschichte. Schauen wir uns die Geschichte kurz an, die im zweiten Kapitel des Lukasevangeliums nachzulesen ist:

Ein Wohnzimmer in einer kleinen Stadt in Israel. Maria scheint alleine in einem Haus zu sein. Vermutlich ihr Elternhaus. Ich stelle mir vor, wie sie gerade den Boden fegt und aus dem Fenster schaut. Sie ist bereits verlobt. Josef ist sein Name. Er wird vielleicht 17 gewesen sein. Wahrscheinlich kennen sie sich seit der frühsten Kindheit, und die Ehe wurde von ihren Familien arrangiert. Auch das junge Heiratsalter war damals das normalste der Welt. Fand Maria Josef gutaussehend? Hat sie sich auf die Hochzeit gefreut? War sie neugierig, hoffnungsvoll oder gar ängstlich? Klopfte ihr Herz, wenn sie Josef aus der Tischlerei seines Vaters kommen sah? Vielleicht war Maria mitten in solchen Gedanken, als plötzlich die Tür aufgeht und ein Bote – das ist die korrekte Übersetzung von Engel – mitten im Raum steht: »Sei gegrüßt, du Begnadete!«

Maria zuckt zusammen. Sie erschrickt erstmal über die Anrede, die ihr doch etwas hochgegriffen scheint.

»Fürchte dich nicht, Maria!«, setzt der Bote Gabriel nun erneut an und berichtet ihr von Gottes Plan rund um ein Baby Namens Jesus.

Die kluge Maria tritt in den Dialog und fragt nochmal nach, wie das Ganze vonstattengehen soll: »Wie soll das geschehen ...?«

Gabriel berichtet von der heiligen Geisteskraft und berührt damit das göttliche Geheimnis des Lebens, dass sich die *Menschwerdung* jeder Berechnung und Fixierung entzieht und sich in einer geheimnisvollen Unnahbarkeit vollzieht. Außerdem erwähnt er, dass ihre Tante Elisabeth, die als unfruchtbar galt, auch schwanger ist.

Mit der Information, die sie brauchte, und in der solidarischen Verbundenheit zu ihrer ebenfalls überraschend schwangeren Verwandten trifft Maria ihre Entscheidung.

Sie stimmt zu. »Mir geschehe, wie du es gesagt hast.« Die altertümliche Formulierung würde übersetzt ins Heute vielleicht so klingen: »Ich nehme diesen Auftrag an! Ich willige ein! Ich möchte das machen!«

Der Evangelisch-Katholische Kommentar (EKK) zum Neuen Testament, ein Fachbuch, das jeden einzelnen Vers analysiert, betont an dieser Stelle: Maria stellt sich in den Dienst Gottes. Dabei handelt es sich gerade nicht um ein Einfügen in ein unausweichliches Schicksal. Das Gegenteil ist der Fall. Mit ihrem Einverständnis wird Maria ein aktiver Teil des Geschehens. Ihr ist somit auch die Möglichkeit gegeben, sich auch gegen eine Schwangerschaft zu entscheiden.

Mit der »Heiligen Mutter Gottes« ein Argument für »Pro Choice« in den Raum zu werfen, ist natürlich theologisch gewagt. Dennoch fasziniert mich dieses Gedankenspiel. Natürlich kann man einwenden, dass sie das Kind ja schließlich auch bekommen hat. Oder dass sie ja zu diesem Zeitpunkt noch nicht schwanger war und die Erzählung ohnehin einen Bogen um herkömmliche Sexualität macht. Dennoch bleibt es dabei, dass Maria nicht gegen ihren Willen schwanger sein muss, sie hat die Wahl. Pro Choice.

Ich habe nicht schlecht gestaunt, als ich einige Monate, nachdem ich über Marias Wahlmöglichkeit nachgedacht habe, auf den Instagram Account von den »Catholics for Choice« gestoßen bin. Die amerikanische Organisation bezeichnet sich selbst als eine Stimme für Katholik:innen, die sich für das Selbstbestimmungsrecht von Frauen, transidenten und nichtbinären Personen einsetzen. Neben einer modernen Marien-Darstellung in einem pink-gelben Gewand steht der Schriftzug: *Mary had a CHOICE.* Maria hatte eine Wahl. Weiter heißt es in der Bildbeschreibung: Marias »Ja« verkörpert die Kraft der reproduktiven Wahl. In erster Linie bin ich positiv davon überrascht, dass es diese Organisation überhaupt gibt. Aber natürlich fühle ich ebenso die Perspektive bestärkt, dass Marias Wahl auch als Symbol für das Selbstbestimmungsrecht gewertet wird.

Für mich ist das Wundersame an der Weihnachtsgeschichte somit nicht die Frage, ob Engel existieren, oder ob es so etwas wie eine Jungfrauengeburt geben kann. Sondern dass ausgerechnet ein junges Mädchen, also die Gruppe Mensch, die in der damaligen Gesellschaftsform das letzte Glied darstellte, auserkoren wird, den Lauf der Geschichte mitzubestimmen, und dass sie mit einem aktiven Ja keine himmlische Marionette, sondern ein selbstbestimmter Mensch sein darf.

Auch wenn damit nicht alle patriarchalen Strukturen aufgelöst werden, auch wenn man diese Geschichte belächelt oder nicht glauben kann oder will, lädt der symbolische Charakter zumindest dazu ein, Maria »neu zu denken«.

Als Frau, als Christin und als Pastorin bleibt zum Ende des Kapitels noch die Frage: Glauben selbsternannte Lebensschützer:innen, oder besser gesagt Abtreibungsgegner:innen denn wirklich, dass man Kinder gegen und nicht nur mit der Frau schützen kann? Aus meiner Seelsorgepraxis kann ich nur von der Erfahrung berichten, dass die Möglichkeit, sich auch dagegen entscheiden zu können, also die Wahl und somit auch die Kontrolle über den eigenen Körper und auch das eigene Leben zu haben, vielen Frauen erst wieder die Kraft gibt, sich für ein »Ja« zu entscheiden. In diesem Sinne kann ich nur sagen: Ich muss Pro Choice sein, wenn ich wirklich Pro Life sein möchte. Das gilt vor allem auch für die Frauen, die eine Entscheidung gegen das Kind treffen – aus Gründen, die nur sie etwas angehen. Es ist vor allem ihr Leben, das in Gefahr ist, wenn das Recht auf Schwangerschaftsabbruch in Gefahr ist. Denn Abtreibungsverbote führen nicht zu weniger Abbrüchen, sondern nur zu lebensgefährlichen. Daher müssen sich meines Erachtens gerade auch Kirchen dafür einsetzen, dass jede Frau auf der Welt, die vor einer Entscheidung steht, nicht hinter die Wahlmöglichkeit Marias zurückzufällt.

KAPITEL 7

DIE HEILIGE LADY GAGA

»Es kann doch nicht sein, dass niemand meinen Enkel segnen will!«

Es wirkt nach mehreren Jahren Pandemie vollkommen surreal: Eine Halle mit 60.000 Menschen. Ohne Masken.

Alle warten auf Lady Gaga. Das Stadion ist ausverkauft. Mittlerweile sind die Ränge nahezu gefüllt. Beim Einlass schien es enorme Organisationsprobleme gegeben zu haben. Es ist ein heißer Juli-Sommerabend. Insgesamt haben wir fast vier Stunden mit tausenden von Menschen in der Sonne gewartet. Die Stimmung ist trotz allem ausgelassen und fröhlich.

Die Karten habe ich zu meinem 37. Geburtstag geschenkt bekommen, von meinen Eltern und von meinem kleinen Bruder Hagen, der allerdings zwei Köpfe größer ist als ich. Hagen steht jetzt neben mir und begutachtet hinter uns die Monitore und etwas, was ich als Technikzentrum bezeichnen würde. »Solang an den Bildschirmen keiner sitzt, passiert hier gar nichts«, stellt er professionell fest.

Mein Bruder ist Veranstaltungstechniker und Elektrofachkraft und somit vom Fach. Seinem Tonfall ist zu entnehmen, dass er sich über das Teilen dieser Insiderinformation freut. Hagen ist ein Mensch, der gern Dinge baut, repariert, sortiert, ordnet und nicht »Glühbirne«, sondern »Leuchtmittel« sagt. Oder Weisheiten wie »Beim Aufbau schon an den Abbau denken« von sich gibt.

Schon als er noch ein Kind war, habe ich ihm zum vierten Geburtstag im Baumarkt in der Abteilung mit der Meterware diverse Seile, Schnüre und Ketten gekauft, mit denen er die ganze Wohnung in ein Labyrinth aus Stolperfallen verwandelte. Für ihn war es sein eigenes Meisterwerk.

Uns beide trennen, oder besser gesagt verbinden acht Jahre Altersunterschied. Darüber hinaus könnte man mich durchaus als extrovertiert bezeichnen, während mein Bruder eher in die Kategorie »stille Wasser sind tief« fällt. Dabei ist Hagen einer dieser speziellen Fels-in-der-Brandung-Menschen. Der Typ, der noch beim Aufräumen der Party hilft, wenn alle anderen schon gegangen sind. Oder der sich extra frei nimmt, um Freunden von Freunden beim Umzug zu helfen. Eine solide Bank an Menschlichkeit und das Gegenteil von Geltungsdrang. Auf acht- von zehnmal fragen »Wie geht es dir?« lautet die Antwort: »Jo.« Wahlweise auch: »Jo. Kann mich nicht beklagen.« Zuverlässig. Bescheiden. Hilfsbereit.

On Top schenkt mein kleiner Bruder mir nun teure Konzertkarten der Superlative, und weil ihn die Technik der Show ebenfalls interessiert, hat er sich auch gleich eine mitbestellt. Der Titel der Gaga Welt-Tournee lautet: »Chromatica Ball«, zu Deutsch: »Ball der Farbenlehre« oder besser vielleicht: »Ball des Farbspektrums«.

Schon Johann Wolfgang von Goethe war fasziniert von der Chromatik, dem Phänomen der Farben. Er erarbeitete eine ganze Abhandlung zu der Thematik, die er für bedeutungsvoller als sein ganzes literarisches Werk hielt. Von ihm stammt auch die Illustration eines Farbkreises in Aquarell, die an einen Regenbogen erinnert. Ob Goethe Gaga beeinflusst hat, bleibt an diesem Abend allerdings offen.

In meiner Wohnung ereignet sich ebenfalls regelmäßig ein besonderes Farbphänomen. Durch einen Zufall habe ich irgendwann im letzten Jahr eine geschliffene Glaskugel auf meinem Tisch in der Küche liegen gelassen. Das Prisma habe ich beim Prokrastinations-Ausmisten in einer Kiste wiedergefunden. Eigentlich wollte ich das glitzernde Teil aufhängen. Aber in Ermangelung von Schnur, Konzentration und wegen abflachender Aufräummotivation blieb es nur bei der Idee und beim Lageplatz am Küchenfenster.

Ein paar Tage später taucht plötzlich wie aus dem Nichts am anderen Ende der Wohnung auf der Tür zu meinem Arbeitszimmer ein Schokoladentafel-großes Stück Regenbogen auf. Auch in der Küche verteilen sich kleine, wandernde Farbreflexe. Ich bin entzückt.

Die Sonne hat die regentropfenförmige Kugel in einem speziellen Winkel getroffen und das Farbspiel veranstaltet. Seitdem liegt der Regenbogen-Macher-Kristall fest an diesem Ort und erfreut mich regelmäßig mit bunten Lichtern in diversen Größen und Formen an den unterschiedlichsten Orten meiner geliebten Wohnung. Manchmal passiert tage- oder wochenlang gar nichts, und dann, von jetzt auf gleich, schimmern die Farben lila, blau, grün, gelb, orange, rot durch die Wohnung. Natürlich ist mir das naturwissenschaftliche Phänomen bewusst. Dennoch hat das Farbspiel für mich immer etwas Wundersames. Farblichter, die den Alltag durchbrechen.

Von einer kleinen Erscheinung des Farbspektrums mitten in Wien zum großen »Chromatica Ball«. Auf der Konzertliste stehen Städte wie New York. Tokyo. Stockholm. Der Auftakt findet aber immer im Rheinland statt: Düsseldorf. Leider nicht Köln.

Da sich in der wuseligen Konzerthalle immer noch niemand vor den Monitoren eingefunden hat, beschließe ich, noch eine Runde Getränke zu holen. Eine Cola für meinen Bruder und zwei Bier. Eins für mich. Und eins für meinen Freund. Der ebenfalls eine Karte anlässlich meines Geburtstages erhalten hat. Marco Michalzik, seines Zeichens Spoken-Word-Künstler, Lyriker und Songwriter, ist musikalisch näher an Nick Cave als an Lady Gaga gebaut. Während ich diese Zeilen tippe, sind wir ziemlich genau ein Jahr zusammen. Auch auf die Gefahr, dass es abgeschmackt klingt, hat mich diese Liebe vollkommen unerwartet getroffen. Obwohl wir uns schon länger beruflich kannten, war diese Entwicklung lange nicht abzusehen. Das änderte sich im August letzten Jahres:

Als Gemeinde haben wir vor mittlerweile zehn Jahren »Burning Church« gegründet. Das kleine Festival fand in diesem Jahr unter starken Coronaauflagen in Kärnten am Millstätter See statt. Der Name »Burning Church« ist inspiriert vom »Burning Man«. Ein riesiges Festival, das mitten in der Wüste aus dem Nichts eine Kunstwelt entstehen lässt. Sehr viel kleiner, aber dennoch kreativ, versuchen wir bei »Burning Church« immer wieder aufs Neue darüber nachzudenken, wie Kirche heute aussehen kann. Wie Glaube ohne Druck und Angst gelingt. Im Vordergrund stehen zudem Themen wie Soziale Gerechtigkeit und Klimaschutz. Außerdem waren diesmal wunderbare Menschen von »Zwischenraum« zu Gast, ein Verein für queere Christ:innen, die Ablehnung in Kirchen erfahren und sich einen sicheren Freiraum geschaffen haben. Eben einen »Zwischenraum«, um sich angstfrei mit sich selbst, mit ihrem Glauben und geschlechtlicher Identität auseinandersetzten zu können. Neben interaktiven Gottesdiensten gibt es diverse Workshops, Musik, Talks, Lesungen und – getreu dem Motto Glaube, Liebe, Hoffnung – sehr viel Bier.

Marco hatte in diesem Zusammenhang Texte rund um Gauben und Zweifel aus seinem Lyrikband »Alles wird ein bisschen anders« – das Wort anders ist dabei im Titel auf dem Cover durchgestrichen – vorgestellt.

Naja. Was soll ich sagen. Es wurde dann auch alles ein bisschen anders. Auch wenn wir beiden die letzten waren, die bei einer Woche Klassenfahrtstimmung merkten, dass da was zwischen uns in der Luft liegt. Da Marco einen Tag früher abreisen musste, brachte ich ihn zum nächsten Bahnhof. Bei der Verabschiedung, die sich dann über zwei Stunden hinzog, da wir seinen Zug verpasst hatten, traf es mich dann wie ein Schlag. Freier Fall. Und im wahrsten Sinne des Wortes zweifel-los.

Wie eine Comic-Figur, um deren Kopf Herzchen fliegen, stand ich die folgenden Tage vollkommen neben mir. Ich wandelte durch den Supermarkt und wusste gar nicht, was ich hier sollte. In meinem Zustand konnte ich mir nicht vorstellen, wie ich so was Profanes wie Lebensmittel überhaupt gebrauchen könnte. Ein Satz kristallisierte sich mit dem letzten Haufen arbeitsfähiger Gehirnzellen zwischen Telefonieren und Songs Hin- und Herschicken heraus: Er ist jemand, der mich stark sein lässt.

Ich hatte nie die Sehnsucht, bei jemandem schwach sein zu können. Nicht weil ich das nicht auch bin. Sondern weil ich in den Jahren zuvor immer die Erfahrung gemacht habe, dass, gerade wenn ich stark war und etwas erfolgreich lief, Männer oft den Drang hatten, mir das klein zu reden.

Jetzt stehe ich gemeinsam mit meinem Bruder und meiner großen Liebe mit Bier aus Plastikbechern auf dem Konzert. Dass meine erste große Veranstaltung in der immer noch nicht beendeten Pandemie gerade diese sein würde, war ebenfalls nicht selbstverständlich.

Ich mochte Lady Gaga zwar schon immer. Aber eher so von der Ferne. Halt die Songs, die man so kennt. Von denen ich einige Lieder auf der Lauf-Playlist oder besser gesagt der Ich-sollte-mal-wieder-Laufen-gehen-Playlist habe. *Poker Face*. Halt was Schnelles im Shuffle-Modus.

Glühende Verehrerin, so richtig mit Shirt und Vinyl-Platte wurde ich wie so oft durch eine Dokumentation, bei der ich mir nach neunzig Minuten einbilde, eine Person nun besser zu kennen. Nahezu befreundet zu sein. Formate mit diesem immer ähnlichen Schema: Momentaufnahmen eines bevorstehenden Karriere-Höhepunkts, unterlegt mit spektakulärer Musik. In diesem Fall die Half-Time-Show beim Superball 2017. Dann ein Cut und es folgen amateurhafte Aufnahmen aus ihrer Kindheit in einfachen Verhältnissen. Kombiniert mit großen Träumen und Bildern kleiner Erfolge. Überwundene Widerstände. Große Erfolge. Tränen. Rückschläge vor den ganz großen Erfolgen. Dazu ausgewählte Momente aus dem Privatleben, die eigentlich nicht so wirken, als ob sie für die Öffentlichkeit bestimmt wären und mich glauben lassen, besonders nah dran zu sein. Gekrönt von Szenen, die die Bodenständigkeit des Stars unterstreichen. Vom Format her durchaus vorhersehbar, aber charmant. Ich hab die Doku eher so nebenbei laufen lassen. Sofa. Laptop. Riesling.

Meine Aufmerksamkeit wechselte ausgeglichen zwischen meinem Laptop, auf dem sich die Doku abspielte, und meinem Handy mit kaputtem Display. Kontemplation und das Aufkleben von Display-Schutzhüllen gehört eher weniger zu meinen Kernkompetenzen.

In den ersten fünf Minuten von *Five Foot Two*, so der Titel meines Streaming-Abendprogramms, läuft Gaga durch ihre Küche und isst direkt aus der Pfanne. Der graue Tanga-Body, der sich über ihrer schwarzen Hose abzeichnet, legt den Blick auf die Hüftpartie frei. Es hat ein bisschen den Vibe, mit dem ich während diverser Lockdowns morgens um 8.30 Uhr, wahlweise aber auch morgens um 16 Uhr die Reste vom bestellten Thai-Curry vom Vortag aus dem Topf frühstücke. Orangenes Massaman-Curry mit Babykartoffeln. Mittelscharf. Kalt. Mein pastellfarbener Morgenmantel als Uniform in der Zeit, in der ein regulärer Tagesrhythmus eher wie ein Angebot erscheint.

In der Doku redet die Sängerin in ihrer Küche weiter darüber, wie viel selbstbewusster sie sich fühlt, seit sie 30 ist. Das »Sie-ist-eine-von-uns-Gefühl« bahnt sich bereits den Weg. Dass auch ihre Haare eine Kur vertragen könnten, verstärkt diese Emotion, während ich an meinen trockenen Spitzen herumfummele.

Der Moment, der mich aber endgültig in den Sympathie-Bann zieht und dafür sorgt, dass ich mein Handy beiseitelege, ist eigentlich unspektakulär: Ein abendliches Gespräch in einer Einfahrt. Wie sich rausstellt, ist es die Auffahrt zum Studio, in dem sie ihr damals bevorstehendes Album aufnimmt. Der Titel: *Joanne*. Ein Album, das die Fans und die Welt überraschen soll. Persönlich. Stimmgewaltig. Sanft. In der Musik verarbeitet sie den Tod ihrer Tante Joanne, die als junge Frau verstarb und ein emotionales Loch in die Großfamilie mit italienischen Wurzeln riss. Joanne war ebenfalls Künstlerin und verlor durch die Krankheit Lupus erythematodes beide Hände, bevor sie verstarb. Lady Gaga, die mit bürgerlichem Namen Stefani Joanne Angelina Germanotta heißt, trägt den Namen der Schwester ihres Vaters als Zweitnamen. Stefanie Joanne identifiziert sich auch darüber hinaus mit ihrer zu früh von der Welt gegangenen Tante. Dieser über Generationen hinwegreichende Schmerz ist spürbar. Vielleicht eine epigenetische, also eine in der DNA verankerte Sehnsucht nach einer Person, die man zu kennen meint, obwohl dem nicht so ist. Vielleicht ist diese Sehnsucht nach den unbekannten Wurzeln eine besonders heilige Sehnsucht. Stefani Joanne Angelina Germanotta sitzt nun in der Auffahrt auf dem Bürgersteig vor einem schwarzen Auto. Schwarzes Top. Jeans. Sie zieht gelegentlich an einem Zigarillo und wirkt leicht beschwipst. Es ist aber keinerlei Getränk zu sehen. Vielleicht spiegelt die Situation auch nur ein Innehalten mitten im Rausch des Schaffens. Schließlich nimmt sie gerade ein Album auf. Dennoch erinnert mich die Szene an den Zustand vor einer Bar oder einem Club, in dem man zufällig mit einer Person unerwartet ein tiefgehendes Gespräch führt. Oder was man in diesem Zustand dafür hält. Luftschnappen und philosophieren um 3 Uhr morgens. Wenn sich das Adrenalin des nächtlichen Aufgedrehtseins mit frischer Luft verbindet und der Lärm durch die Türen noch dumpf hörbar ist. Eine kurze Pause, bevor man gleich wieder zurück auf die Tanzfläche, in den Rausch einer Nacht zurückkehrt. Dabei kommt es gar nicht darauf an, ob das Gegenüber fremd oder bekannt ist. Es kommt nicht mal genau auf den Inhalt des Gesagten an. Sondern auf das Gefühl: Den Augenblick einer unerschütterlichen Klarheit. Über die Schönheit dieser Welt. Oder über ihre Grausamkeit. Oder beides.

Diese Szene in der Einfahrt holt mich wie ein Flashback ab. Enthusiasmus und Weltschmerz treffen auf Adrenalin und Gefühl. Ohne Maske sein. Ein besonderer Augenblick, ein Aha-Moment im Bewusstsein der eigenen Wirklichkeit. Weder sonderlich inszeniert noch im klassischen Sinne schön. Keine Robe. Keine Rolle. Schlicht und ergreifend. Ein eigener Mensch sein. Vor einem Club oder hockend auf einem Bürgersteig vor einem Musikstudio.

Das nächtliche Gaga-Gespräch dreht sich um Erfolg und die Schattenseiten. Um Menschen, die daran gestorben sind. Es geht um Marylin Monroe. Aber auch um Madonna. Um Aufrichtigkeit und Verletzungen. Um die Macht der Musikindustrie und ihre Art, sich dem zu entziehen.

Aber wie gesagt, es ist nicht der Inhalt, sondern die Energie, die mir vertraut vorkommt. Auch Gaga scheint von der spontanen Klarheit der eigenen Gedanken im sonst diffusen Kopfkarussell so beeindruckt zu sein, dass sie vergisst, den Zigarillo aufzurauchen.

Die Kamera springt von der Auffahrt zurück in die Studioaufnahmen.

Vom offenen Herz-Moment zum offenen Klavier. Ihre Finger graben sich nahezu in das Tasteninstrument, dessen Innenleben durch das Fehlen der Holzverkleidung frei liegt. Daneben wandert der Blick zu handgeschriebenen Notenblättern, versehen mit bekritzelten Textzeilen: *Million Reasons*. Ein Song über das Ringen über die Frage: gehen oder bleiben? Jemanden oder etwas verlassen. Oder Ausharren. Millionen Gründe, die für das Gehen sprechen; auf der Suche nach dem einen Grund zu bleiben. Und in welcher Entscheidung liegt die Hoffnung für eine bessere Zukunft?

Sie singt, nein, sie schmettert die Töne heraus. Als ob sie etwas vom Grund eines Sees hinaufholt. Die Pop-Ballade wird zum Gebet: »Ich begebe mich nieder und bete. *Lord show me the way*. Ich will das Gute im Schlimmen finden.« Ein Lied über das Ringen mit sich selbst, Gott und dem Gegenüber.

Ein modernes »Möge dieser Kelch an mir vorübergehen«, wie es Jesus vor seiner Kreuzigung gebetet hat. Klage als Gebet. Vielleicht sogar das aufrichtigste aller Gebete.

Für mich war diese Doku der eine Grund, Lady Gaga zu lieben und mich jetzt unter den 60.000 Gäst:innen des »Chromatica Balls« wiederzufinden. In meinem schwarzen kurzen Kleid mit leicht ausgestellten Schultern und Sneakers bin ich für den Anlass vielleicht etwas underdressed, aber ich fühle mich rundum wohl in der Menge bunter und glitzernder Menschen.

Neben uns steht eine Gruppe junger Brasilianer. Vollbärtig und trainiert. Vereinzelt mit Tunnels in den Ohren. Als Gruppenoutfit tragen die Fünf weiße Feinripp-Tanktops mit Regebogen-Emblem auf dem Brustkorb. Einer der Jungs tauscht einen tiefen flirtiven Blick mit einem jungen Mann in Netzshirt und glitzernden Schläfen aus, der mit diversen Bierbechern beladen versucht, durch die Massen zu seinem Platz zurückzukehren.

Die Halle ist gefüllt mit Stimmengewirr und erwartungsfrohen Gesichtern. Obwohl das Konzert noch nicht begonnen hat, erleuchten Handydisplays die Halle des Düsseldorfer Stadions. Mit den Fotos und Vorab-Insta-Stories steigt die Spannung. Kleinkinder sitzen mit dicken Schutzkopfhören auf den Schultern ihrer Eltern. Eine stoisch wirkende Frau um die 70 in Jeans und Shirt trägt mit nahezu hingebungswürdiger Selbstverständlichkeit ein riesiges Diadem in ihren silbergrauen Haaren. Menschen halten Plakate in die Höhe, die ihre Dankbarkeit ausdrücken: »*We came from Buenos Aires to see you*« steht auf einem Banner. Einige sehr junge Mädchen wirken etwas schüchtern, aber dennoch stolz. Als ob sie sich vielleicht unter dem Vorwand einer Übernachtung bei der jeweiligen Freundin aus ihrem Heimatdorf weggeschlichen hätten und nun das Abenteuer eines nicht erlaubten Konzertes erleben. Es wehen diverse Pride-Flaggen durch das Publikum. Die Regenbogen-Fahne sowie Trans-Pride-Flagge in weiß, hellblau und hellrosa. Auch mehrere Progress-Pride-Flaggen, die ein besonderes Augenmerk auf Trans-Menschen, Schwarze und andere Personen of Color legen. Der schwarze Streifen auf der Fahne soll auch diejenigen repräsentieren, die mit AIDS und dem dazugehörigen Stigma leben oder daran gestorben sind. Dazwischen stehen Männer mit Camp-David-Hemden und Trekking-Sandalen, die eine Aura von Webergrill und Akkuschrauber umgibt, Schulter an Schulter mit atemberaubenden Drag-Queens. Es gibt viel Glitzer. Sehr viel Glitzer. Im Kontrast dazu steht die leere Bühne im Industrie-Stil.

Fast eineinhalb Stunden blickt das bunte Publikum auf die zwei gigantischen Leinwände in grauer Beton-Optik kombiniert mit Stahl. Die Szenerie wirkt wie der Eingang in ein geheimes Labor. Oder wie ein Ort, hinter dessen starken Toren etwas Böses lauert. Schattenwesen aus einer düsteren Dystopie. Mit einem Mal wird es stockfinster. Ein spannungsgeladener Jubel bricht sich Bahn. Dann beginnt endlich der Countdown. Es brodelt. Auftritt: Lady Gaga. *Bad Romance* erklingt. Feuerfontänen leuchten auf. Die Temperatur steigt. Alle rasten aus. Lady Gaga erscheint am höchsten Punkt der Bühne in einer Art futuristischem Panzer. In dem sanduhrförmigen Anzug wirkt sie wie ein Transformer. Lediglich die Arme bewegen sich schnell in der sonst roboter-esken Performance. Nebelschwaden wabern über die Bühne. Die Frisur wirkt wie ein nach hinten betonierter wasserstoffblonder Helm. Meines Erachtens durchaus passend für Düsseldorf. Das Gesicht weiß getüncht mit dramatischem schwarzem Augen-Make-up. Die Lippen blutrot. Aus *Bad Romance* wird *Poker Face*. Gefolgt von *Monster*. Zwischen den Songs laufen auf den riesigen hochauflösenden Leinwänden aufwendige Kurzvideos. Arthousereife Einspieler zum Outfit-Wechsel. Auch diese wirken durchaus etwas furchteinflößend. Bilder eines gigantischen, pulsierenden, rot-schwarzen Organismus erscheinen und wirken wie ein millionenfach vergrößerter Blick durch ein Mikroskop auf einen Bakterienstamm. Abstrakt und intensiv. Mit jedem weiteren Song wird der Panzer weniger. Die Inszenierung wirkt wie das Abstreifen einer Fassade. Eine Metamorphose in mehreren Akten. Bis es schließlich hell wird.

Die ursprünglich bleigraue Wand wird in der Mitte der Show zum Fenster. Eine gerade Linie als Basis, von der sich zwei Linien in die Höhe strecken und im oberen Teil spitz zusammenlaufen. Die Assoziation von Kirchenfenstern lässt sich nicht vermeiden, das Fenster eröffnet den Blick auf eine gigantischen Quellwolken-Formation. Ein Himmel aus wachsenden rosa Wolkentürmen. Und plötzlich verschwindet Lady Gaga. Auf den Bildschirmen ist zu verfolgen, dass der Künstlerin im Schutz von Security-Leuten ein Weg quer durch die Halle gebahnt wird. Im Gehen streift sie einen Mantel ab, der wie eine überdimensionierte Gospel-Robe aus Gold wirkt. Auf einmal steht Stefani Joanne Angelina Germanotta auf einer kleinen Bühne. Ohne Panzer. Ohne Maske. In der Mitte der Menschen. Gerade mal circa zehn Meter von uns entfernt. Aus dem Boden der kastenförmigen Bühne steigt ein Gegenstand empor, der aussieht wie eine riesige umgedrehte Baumwurzel. Es könnte auch ein Objekt aus einem Fantasyfilm der Achtzigerjahre sein. Eine verspielte Filmrequisite aus *Die unendliche Geschichte* oder etwas, das in Bruchtal bei *Herr der Ringe* zu finden ist. Verschlungene Äste im Farbspektrum des Regenbogens ragen in die Höhe und umschließen eine Tastatur. Es ist ein wie Perlmutt schimmernder Klavierflügel. Ein Flügel aus Wurzeln. An der die Sängerin gold-regenbogenfarben-strahlend und erhaben Platz nimmt. Pause. Jubel. Dann füllt sich der Raum ausschließlich mit den Tönen des Klaviers. Ihre Finger tanzen über die Tasten, in einen lila Lichtkegel getaucht. Wieder Pause. Applaus.

Lady Gaga singt nun ohne das Piano die erste Zeile von *Born This Way*. Danach setzt das Klavier wieder ein. Singend lässt sie die Szene aufleben, in der ihre Mutter ihr als junges Mädchen die Haare frisiert und ihr zuflüstert: »Wir sind alle als Superstars geboren worden.« Weiter im Text trägt sie ihren Lippenstift auf und führt das Mutter-Tochter-Gespräch fort. Während der Performance wechseln sich Gesang und das Klavier ab.

Pause. Zwei kräftige Akkorde.

Wie eine Chorleiterin nimmt die gläubige Katholikin Stefanie Joanne jetzt ihr Publikum mit in den Refrain des Songs *Born this Way* hinein. 60.000 Stimmen erheben sich und singen getragen vom Flügel mit. Für mich ist dies der Höhepunkt des Abends. Mit meiner subjektiven Pastorinnen-Wahrnehmung höre ich 60.000 maßgeblich queere Leute lauthals singen: »Gott hat keinen Fehler gemacht, als er mich geschaffen hat.« Ein gesungenes Ja zum Sein.

Ich glaube, dass, egal wann, wie, wo und auf welche Weise Menschen dazu ermutigt werden, sich selbst anzunehmen, andere anzunehmen und angenommen zu werden, etwas Göttliches passiert. Liebe, egal wie sie geschieht, ist ein heiliger Moment. »Heilig« im Sinne seiner ursprünglichen Bedeutung: etwas ist näher in die Sphäre des Vollkommenen gerückt. Heilig im Sinne von heil oder wieder ganz werden. Ein Aufblitzen des Regenbogens in allen Facetten.

Auch Marco und mein Bruder Hagen wirken euphorischer, als sie es von sich selbst erwartet hätten. Beflügelt von meinem persönlichen Gaga-Gottesdienst fahren wir eine Stunde später vom überfüllten Parkplatz in die warme Sommernacht. Mir gefällt der Gedanke, dass sich Gott nicht in sakrale Gebäude, in die Engstirnigkeit klerikaler Würdenträger sperren lässt.

Am nächsten Morgen poste ich das Foto von der Gottes-Gaga-Regenbogen-Erscheinung auf Instagram. Ich google den Begriff »Heilige« und stoße auf folgende, etwas altertümliche, aber dennoch schöne Zeilen: »Heilige sind Menschen, durch die das Licht Gottes scheint. Durch ihr Leben haben die Heiligen ein beredtes Zeugnis gegeben von Gottes Liebe zu allen Menschen.«[15]

Zwei Monate zuvor. Fast auf den Tag genau. Es ist der 14. Mai. Die Sonne scheint. Sie scheint auf eine Hochzeitsgesellschaft in Bad Vöslau, 50 Kilometer südwestlich von Wien. Bekannt für hervorragendes Wasser. Umgeben von Weinanbau. David und Florian geben sich das Ja-Wort. Die standesamtliche Trauung gefolgt von meiner kirchlichen Segnung findet im Jugendstil-Pavillon vor dem Kursalon mitten in einem Park statt. Dass sie nicht nur standesamtlich, sondern kirchlich gesegnet werden, war den beiden wichtig. Florian ist in einer Freikirche aufgewachsen. David und seine Familie sind katholisch.

Für diesen feierlichen Anlass habe ich mir extra ein neues Kleid zugelegt. Ein Maxi-Dress mit rotem Klatschmohn-Print und freien Schultern dank Carmen-Ausschnitt. Es wäre beinahe die erste Hochzeit geworden, zu der ich zu spät gekommen wäre, da trotz einer

Stunde Puffer weit und breit kein Taxi am ländlichen Bahnhof zu bekommen war.

Es ist auch die erste Hochzeit, die ich mit Marco als Paar besuche, was meine Aufregung, in offizieller Funktion hier zu sein, nicht mildert. *Just in time* sitzen wir in der ersten Reihe auf weißen Holzstühlen. Inmitten der sommerlich-schicken Mischung aus Familie und Freund:innen mit Sonnenbrillen. Auf meinem Schoß liegt die Mappe mit einer kurzen Rede und den Segensworten. Aber jetzt warten alle auf die Ankunft der beiden Bräutigame. Das Hochzeitsauto fährt über den Kiesboden des Parks. Die beiden steigen aus. David und Florian wirken wie zwei Menschen, die sofort in einem Werbekatalog für Segelsport abgelichtet werden können. Dabei sind sie nicht einfach zwei attraktive Männer, sondern gehören zu den Menschen, deren innere Schönheit von innen nach außen scheint. Die marineblauen Anzüge, kombiniert mit weinroten Fliegen und Ansteck-Wiesenblumen runden das Bild perfekt ab. Vollkommen wird der Moment, als sich die Mütter der beiden einhaken und begleitet vom Klavierspiel und dem Gesang von Florians Schwester durch die Mitte der Hochzeitsgesellschaft einziehen. Der Standesbeamte waltet seines Amtes. Auf seine kurze Rede folgt ein weiterer emotionaler Höhepunkt. Die beiden haben selbst verfasste Gelübde vorbereitet. Die Tränen kullern in Bächen aus Davids Augen, während er seinen Text mit immer wieder einbrechender Stimme vorträgt. Florian ist anfänglich gelassener, aber auch ihn überkommt eine Woge des Gefühls. Nach den beiden persönlichen Reden ist der Standesbeamte an der Reihe und besiegelt den staatlichen Rechtsakt. Nach einem weiteren Song, *Everything* von Michael Bublé, darf ich übernehmen.

Es ist mir in meinem Beruf immer wieder eine unfassbare Ehre, an diesen Lebensschwellen mit dabei sein zu dürfen. Ein leichter Wind, meine mir ins Gesicht fallenden Haarsträhnen und die Aufregung erschweren mir ein wenig einen seriösen Auftritt. Aber ich bekomme die Kurve und begrüße das schöne Paar. Für die Ansprachen haben sich die beiden einen Vers aus dem Brief des Apostels Paulus an die Gemeinde in Philippi ausgesucht, deren archäologische Stätte in Griechenland noch heute zu besichtigen ist. Die ersten christlichen Gemeinden, die sich an den unterschiedlichen Orten vor allem im Mittelmeerraum gründeten, haben vor 2000 Jahren unter anderem über Briefe kommuniziert. In Zeiten von Drangsalierung und Verfolgung haben sie sich auf diese Weise beispielsweise Mut zugesprochen. Diese Briefe wurden aufbewahrt und zum Teil vervielfältigt. Später wurden diese kostbaren Zeugnisse Teil der Bibel.

Die Verse aus dem siebten Kapitel, die heute über der Hochzeit stehen, stammen aus dem Ende des Briefes und sind ein Aufruf zur Hoffnung allen Widrigkeiten zum Trotz. Sie lauten frei übersetzt wie folgt: »Freuet euch und abermals sage ich, freuet euch. Eure Sanftmut lasst kund sein allen Menschen. Gott ist euch nahe. Wenn ihr Sorgen habt, bringt sie vor Gott. Ihr seid damit nicht allein« (Frei nach Philipper 4, 4–7).

Dieser Text begleitet Florian schon seit seiner Kindheit und ist auch für David wichtig geworden. Hoffnung und Freude bewahren, sanftmütig beziehungsweise freundlich und hilfsbereit zu sein, ist für beide sehr wichtig.

Ich verbinde den Vers mit ihrer Liebesgeschichte: Begonnen hat alles mit dem halbherzigen Nutzen einer Dating-App. Aus dem Match wurde ein spontanes Date in Jogginghose bei einer Lockdown-Lockerung mit Bier und Aperol Spritz. Während David in der Zeit danach von seinem Ehrenamt bei einer Kinder-Hilfsorganisation in Beschlag genommen war, hielten die beiden Kontakt. Dann endlich ein zweites Date auf dem Jahrmarkt. Aus Dates werden gemeinsame Reisen. Beide sind sich da vollkommen einig. Urlaub läuft so ab, wie es gerade passt. Mal Roadtrip. Mal Camping. Mal *all inclusive*. Dabei sind gemeinsame Reisen eine gute Möglichkeit, die jeweiligen kleinen Macken auszuloten und festzustellen, dass in einer angespannten Situation ein Snack oder Mittagsschlaf wahre Wunder wirken können. Aus dem Reiseerfahrungen-Teilen wird Leben-Teilen. Liebe in Corona-Zeiten plus Fernbeziehung. Tausende Kilometer in Zügen. Auf Jobwechsel folgen Umzüge. Auf eine gemeinsame Wohnung folgt ein Antrag mit Ring und Schaumwein im Lainzer Tiergarten in Wien, einer der Lieblingsorte der beiden. Eine Liebe durch die Pandemie, durch Fernbeziehung und durch vier Umzüge hindurch. Beide sind glücklich, ihre Familien an ihrer Seite zu wissen. Aber viele liebgehabte Menschen aus Florians Kindertagen in der Kirche bleiben fern. Sie können die Verbindung von zwei Männern, selbst wenn es ihre Freunde sind, nicht gutheißen. Eine Person hat sogar einen Brief geschrieben, dass ihre Liebe Sünde sei und nicht von Gott gewollt.

Auch wenn ich das in der Rede nicht thematisiere, weiß ich um den Schmerz der beiden, der Teil dieses Tages ist. Wir haben im Vorfeld lange darüber geredet. Ich war sehr beeindruckt, dass Florian trotz der Ablehnung seiner Kirche, in der er aufgewachsen ist, in die er so unendlich viel Lebenszeit, Arbeit und Liebe investiert hat, dennoch an seinem Glauben an Gott festhält: »Ich weiß, dass Gott immer an mir dranbleibt«, waren seine Worte im Vorgespräch der Trauung, auch dank David, der ihn immer wieder daran erinnert. Es war auch David, der sich auf die Suche nach einer Gemeinde für die beiden gemacht hat, in der sie willkommen sind. Seit einem halben Jahr besuchen sie regelmäßig unsere Gottesdienste, und ich war sehr gerührt, dass sie mich gebeten haben, sie an diesem Tag zu segnen.

So endet die Trauung damit, dass ich meine Hände hebe und ihnen für ihren gemeinsamen Lebensweg wünsche, dass sie sich, was immer auch kommen mag, diesen Glauben, diese Hoffnung und diese Freude bewahren können. Amen.

Mit einem Worship-Song, also einem christlichen Popsong ziehen die beiden als verheiratetes und gesegnetes Paar aus. Florians Schwester spielt auf dem Klavier und singt ein Lied der Hillsong Church: *Du liebst mich wie ich bin.*

Ich klappe meine Mappe zu und verlasse als letzte den salbeigrünen Pavillon. Ein älterer, durch und durch freundlicher Herr kommt auf mich zu und stellt sich als Florians Opa Michael vor. Er reicht mir die rechte Hand und umschließt zugleich die meine, die noch zehn Minuten zuvor vor Aufregung gezittert hat, mit seiner linken. »Danke, dass du das gemacht hast. Es kann doch nicht sein, dass niemand meinen Enkel segnen möchte.« Opa Michael ist 86 und selbst Christ. »Ich glaube an Gott, und da soll es bei allem, was es auf der Welt gibt, nicht möglich sein, Florian und David zu segnen?«

Wir beide haben Tränen in den Augen. Die Hochzeit weckt in ihm Erinnerungen an seine verstorbene Frau. In seiner Stimme schwingen Wohlwollen und Schmerz mit, als er sagt: »Weißt du. Ich profitiere immer noch von der Liebenswürdigkeit meiner Frau. Egal ob ich jetzt alleine zum Bäcker oder in die Apotheke gehe. Überall ist die Liebenswürdigkeit meiner Frau schon dagewesen, und die Menschen wissen, dass ich ihr Mann bin.« Ohne dass wir es weiter thematisieren, weiß ich, dass dies auch der Wunsch für seinen Enkel ist. Eine lebenslange Liebe bis zum Tod.

Auf die Trauung folgt ein klassischer Sektempfang auf einem nahegelegenen Weingut mit weitem Blick in die Landschaft. Der Sommer ist da. Die Fotografin schießt das obligatorische Foto der Festtagsgesellschaft. Im Dachgiebel des Weinguts gibt es ein leckeres Buffet. Davids Mutter präsentiert gleich fünf selbstgebackene Hochzeitstorten, die feierlich aufeinander aufgebaut in den Saal geschoben werden. Eine Powerpoint-Präsentation mit Teenie-Bildern wird von einem Schuh-Spiel abgelöst. Final wird der Dancefloor inklusive Polonaise eröffnet. Alles in allem rundum bodenständig.

Zu später Stunde, als der DJ Lady Gaga auflegt, ist die Stimmung auf dem Höhepunkt.

Vier Wochen nach der Hochzeit, und somit vier Wochen vor dem Lady Gaga Konzert, werden die Fotos in der Hochzeits-App hochgeladen. Mit Erlaubnis poste ich am Tag der Vienna-Pride das wunderschöne Bild der beiden während der Segnung. Sie stehen mit geschlossenen Augen vor mir, während ich die Hand hebe und bete. Das Wort Segen leitet sich von dem lateinischen Begriffspaar *bene dicere* ab und bedeutet soviel wie »Gutes sagen«. Genauer noch »über *jemanden* etwas Gutes sagen« beziehungsweise »Gutes Zusprechen«. Ich füge den Text hinzu. Ich möchte die Besonderheit dieses Tages unterstreichen und gleichzeitig zeigen, dass ich die Hoffnung habe, dass in Zukunft auch queere Trauungen mit freikirchlichem Hintergrund nicht extra betont werden müssen.

Vermutlich war dies die erste freikirchliche queere Trausegnung in Österreich. Weil sie von einer freikirchlichen Pastorin, die ich nun mal bin, vorgenommen wurde. Meine Haltung hierzu entspricht, das sei hinzugesagt, allerdings nicht der Mehrheitsmeinung der Freikirchen oder des Bundes der Baptisten in Österreich. Dennoch ist auch hier eine genauere Betrachtung notwendig. Gerade in Deutschland, aber auch in Österreich, hier vor allem an der Basis der Gemeinden, verändert sich einiges. Viele Menschen in Gemeinden nehmen die Ausgrenzung queerer Christ:innen nicht mehr hin. Durch Vereine wie Zwischenraum e. V.[16] vernetzen sich Menschen und machen die Ungerechtigkeit sichtbar. Denn es gilt die Frage zu stellen: Woher nehmen sich Kirchen jeder Konfession das Recht, Menschen Sehnsucht, Verbindlichkeit, Familie, Zärtlichkeit und Sexualität zu untersagen? Die Sehnsucht nach Zugehörigkeit, nach Wurzeln und Flügeln? Müssten nicht Kirchen eigentlich die sein, die diese Räume schaffen, und nicht die, die ihre Türen und Herzen verschließen. Einen Paradigmenwandel gar behindern? Und das gerade bei den Menschen, die gerne Mitglied in einer Kirche wären. Die sich wünschen, eine Gemeinde ihr geistliches Zuhause nennen zu können, wo sie willkommen und gleichberechtigt sind. Menschen, die, obwohl sie mit Ablehnung rechnen, immer wieder neue Versuche wagen, Teil einer christlichen Gemeinschaft zu sein.

Natürlich kenne ich die Argumente. Dabei werden rund fünf einzelne Bibelverse ins Feld geführt: Levitikus 18,22, Levitikus 20,13,

1 Korinther 6,9 f., 1. Timotheus 1,8–10, Römerbrief 1,23–27. Diese Verse enthalten in der Tat Aussagen, die beim ersten Lesen den Eindruck erwecken, als ob sie gleichgeschlechtliche Sexualität verurteilen. Aber keine, und ich betone es doppelt und dreifach, *keine* dieser Stellen bezieht sich auf gleichberechtigte Liebesbeziehungen oder gleichberechtigte Sexualität. Die kritischen Stellen sprechen ausschließlich von Sexualität, in der es eben keine Gleichberechtigung gibt, sondern ein Machtgefälle. Zudem finden sich im Neuen Testament keine Aussagen Jesu zu Bi-Homosexualität und keine Ablehnung von Transgeschlechtlichkeit. Genauer ist dies beispielsweise auf der Homepage von Zwischenraum e. V. nachzulesen.[17]

Die Bibel ruft an 3.000 Stellen zu sozialer Gerechtigkeit auf. Besonders deutlich wird dies in der »Gerechtigkeitsbibel«[18]. Diese Bibel ist von Micha Deutschland herausgegeben worden und hebt alle Verse, die sich mit sozialer Gerechtigkeit und der Bekämpfung von Armut auseinandersetzen, farblich hervor. Die Micha-Initiative ist ein Teil einer weltweiten christlichen Bewegung, die sich ganzheitlich für soziale Gerechtigkeit, die Bekämpfung von Armut und den Klimaschutz einsetzt.

Ich kenne Menschen, die wirklich damit ringen und die beim Thema Homosexualität einen starken Gewissenskonflikt spüren. Die einerseits aufrichtige, liebe Menschen sind und anderen Menschen auch aufgeschlossen und liebevoll begegnen wollen. Die sich aber davor fürchten, dass sie beispielsweise mit dem Gutheißen einer gleichgeschlechtlichen Ehe Gottes Willen verletzen. Ich stehe zwar komplett auf einem anderen Standpunkt, aber ich weiß auch, wie schwierig es ist, tief eingepflanzte Glaubenssätze zu hinterfragen. Da braucht es oft Zeit, Geduld und Begegnungen.

Schwerer tue ich mich mit den Menschen, die Bibelstellen benutzen wie einen Panzer. Einen Panzer, mit dem sie sich vor allem vor dem schützen wollen, was ihnen fremd ist. Oder sich verbarrikadieren vor dem, was ihr eigenes privilegiertes Dasein entmachten könnte. Die einzelne Verse aus dem Kontext herausnehmen, um Menschen auszugrenzen, und so tiefe seelische Schäden verursachen.

Ich saß gefühlt schon in einer Million dieser auf solche Weise geführten Debatten. Von dem Online-Shitstorm, nachdem die Trauung bekannt geworden ist, fange ich gar nicht erst an. Die Aufmerksamkeit ist es mir nicht wert. Weil es für mich manchmal Tage gibt, wo diese Stimmen für mich zu den Millionen Gründen gehören, über das Gehen nachzudenken. Wo sich mir die Frage aufdrängt: Macht es wirklich einen Unterschied, was ich tue? Und ist dieser Unterschied groß genug, um das schwierige System Kirche nicht zu verlassen?

In diesem berechtigten Zweifel brauche ich gute Gründe, um in dem System Kirche zu bleiben. Dann werden die Worte »Ich weiß, dass Gott immer an mir dranbleibt« eines schwulen Bräutigams ein guter Grund zu bleiben. Dann wird das »Danke, dass du meinen Enkel gesegnet hast« ein guter Grund zu bleiben, oder auch ein 60.000-faches *Born This Way*. Ein guter Grund zu bleiben.

***

Last but not least gibt es eine biblische Geschichte vom Bleiben und von einer gleichgeschlechtlichen Beziehung zweier Frauen bis zum Tod: Ruth und Noomi. Dieser rührenden Geschichte ist ein ganzes Buch der Bibel gewidmet.

Das nach Ruth benannte Buch erzählt die Geschichte zweier Frauen, die erst das familiäre Schicksal und dann eine tiefe Verbundenheit einander ein Leben lang begleiten lassen. Eigentlich sind Noomi aus Juda und Ruth aus dem Nachbarland Moab verschwägert, seit Noomi mit ihrem Mann aufgrund einer Hungersnot auswanderte. Nach dem Tod ihrer Männer beschließt Ruth, wieder zurück in ihr Heimatland Juda zu ziehen. Zum Abschied will Noomi Ruth daher küssen, was auf eine innige Beziehung hindeutet. Ruth denkt aber nicht daran, Noomi allein ziehen zu lassen und beschließt, ihr in das fremde Land, zu einem fremden Volk und einer fremden

Religion zu folgen. Ruth spricht zu Noomi: »Wo du hingehst, da will ich auch hingehen; wo du bleibst, da bleibe ich auch. Dein Volk ist mein Volk, und dein Gott ist mein Gott. Wo du stirbst, da sterbe ich auch, da will ich auch begraben werden. Der Herr tue mir dies und das, der Tod muss mich und dich scheiden.« (Ruth 1,16f., LUT)

Was heute einer der beliebtesten Hochzeitsverse gerade bei heterosexuellen Paaren ist, ist ein lebenslanger Treueschwur einer Frau zur anderen. So heißt es wörtlich weiter: »Und Ruth klebte an Noomi«. Die Bezeichnung, für die das Deutsche nur die Übersetzung »Kleben« bereitstellt, kommt außerdem auch in den Schöpfungserzählungen vor, wenn die Beziehung von Adam und Eva beschrieben wird. Adam »klebte« an Eva. So wie Ruth an Noomi »klebt«. In der neuen Heimat angekommen, kämpfen die beiden Frauen erneut um das Überleben. Nach damaligem Versorgungsrecht arrangiert Noomi eine Zusammenkunft Ruths mit ihrem Verwandten Boas. Auch wenn dies nicht unseren romantischen Vorstellungen von heute entspricht, war dies damals ein legitimer Akt, um die Zeugung von Nachkommenschaft sicherzustellen. Aus der Verbindung von Boas und Ruth geht in der Tat ein Kind hervor. Auffällig ist aber, dass dieses Kind nicht als das des Boas vorgesellt wird, sondern es eindeutig heißt: »Noomi ist ein Sohn geboren.« (Rut 4,17, LUT) Sie gilt somit neben Ruth als Erziehungsberechtigte. Was für eine Überraschung. Eine Patchwork-Regenbogenfamilie aus der Bibel. Manchmal überrascht die Heilige Schrift mich. Ein wenig wie Löwenzahn, der sich durch Beton bricht. Unerwartet brechen sich das Leben und die Liebe ihre Bahn.

KAPITEL 8

GOTT IST FEMINISTIN

Alle gut, mein Kind. Alles wird gut.
Marlies Ungewitter

Das letzte Kapitel. Gleichzeitig der Titel. Anfang und Ende. Ein Reisebericht über das Schreiben. September 2020: Ich sitze in meinem VW-Bus. Eigentlich habe ich seit gestern Urlaub. Uneigentlich schreibe ich an dem ersten Entwurf für dieses Buch. Die Idee: Ein Buch über das Christentum und Feminismus. Mir schwebt ein kluges, abgeklärtes Sachbuch vor. Viele Fakten. Wenig Emotionen. Theologischer Fachjargon. Es wird anders kommen. Vielleicht ahne ich es schon.

Allein die Kulisse für das Unterfangen der ersten Zeilen ist zu schön, um nüchterne Theologie zu betreiben: Yport. Ein kleiner Küstenort in der Normandie. Eigentlich wollte ich in das benachbarte Städtchen Étretat. Bei Roadtrips an den Atlantik halte ich regelmäßig für eine Nacht in diesem pittoresken Seebad. Die Region besteht aus weißen Steilküsten gesäumt von tiefgrünen Wiesen, auf denen Schafe wie gemalte Tupfen unbeeindruckt vor sich hin grasen. Étretat umfasst eine der schönsten Buchten der Welt. Ein Kieselstrand mündet in glasklares Wasser. Steine in allen Größen. Obwohl sie rund sind, kann ich kaum auf ihnen gehen. Es ist, als träfen die Kiesel jeden Druckpunkt meiner Sohlen gleichzeitig. Dabei liebe ich das Barfußlaufen.

Steht man am Strand und schaut nach links oder rechts, bilden zwei maximal spektakuläre weiße Felsformationen den Rahmen für ein Zusammenspiel aus Gezeiten und Landschaft. Eine Felsenseite wirkt durch eine gigantische Öffnung, ein Loch in der Mitte wie ein gigantisches Nadelöhr. Ein Tor zu einer anderen Welt, die die Weite des Ozeans erahnen lässt. Beide Seiten der Klippen lassen sich begehen oder besser gesagt erklimmen. Hat man den Aufstieg auf das Plateau geschafft, kann man mit Wind im Gesicht ein ewig aufregendes Schauspiel von Sonne und Wolken bestaunen. Der Atlantik leuchtet in allen Nuancen. Tiefes Dunkelblau verwandelt sich in wenigen Sekunden in ein leuchtendes Türkis. Gegenüber dem Nadelöhr ragt ein riesiger spitzer Felsen, ein von der Natur geschaffener Obelisk, aus den Wellen.

Entlang der Klippen führt ein Trampelpfad von Etrétat nach Yport. Da Etrétat durch eine Netflixserie neue Berühmtheit erlangte und sich die Besucherströme vervielfacht haben, ist dadurch das von mir bevorzugte Wildcampen unmöglich geworden. Der Campingplatz, den ich spontan als Alternative gefunden habe, befindet sich auf den Klippen. Mehrere Wiesenabschnitte sind wie Terrassen angelegt. Mein Stellplatz liegt am höchsten Punkt. Hier, mitten auf den Klippen, sitze ich in meinem Küsten-Büro-Bus.

Ich starre aus dem Fenster auf die endlos wirkenden Steinklippen. Mein Plan war, ein paar Tage hier zu bleiben und dann weiter in den wärmeren Süden zu fahren. Der Morgen mit der ersten Tasse Kaffee des Tages schrie förmlich nach einer Insta-Story, die ich für Highlight-würdig befand. Im Hintergrund läuft aus der mobilen Box *Nobody Knows* von den Lumineers. »Niemand weiß, wie man Abschied nehmen soll«, singt die erste Zeile.

Ich hole den Klapptisch aus dem Kofferraum. Koche noch einen weiteren Kaffee in der blauen Espressokanne auf dem Gaskocher, bevor ich den improvisierten Schreibtisch in den Bus stelle. Nach einem *pain au chocolat*, womit mein Französisch bereits an seine Grenzen kommt, beginne ich zu schreiben.

Mit einem Satz katapultiere ich mich von den Klippen in der Normandie zwanzig Jahre zurück. Zurück in unser Wohnzimmer, in dem mir meine Mama von ihrer Abtreibung erzählt. Vielleicht ist »katapultieren« das falsche Wort. Aber es ist auch kein Schleichen in die Vergangenheit. Gibt es so etwas wie »behutsames Katapultieren«?

Ich schreibe, und der erste Tränenschleier über die Ungerechtigkeit dieser Welt, über den Schmerz von Milliarden Frauen, über den Schmerz meiner Mama legt sich auf mein eigentlich am liebsten fröhliches Gesicht. Es ist erstaunlich, wie weich ich werde, sobald ich schreibe. Verbal bin ich oft sehr viel härter. Als könnte ich beim Sprechen jede Sekunde neu abwägen, wie tief ich jemanden in mich hineinschauen lasse, ist es beim Schreiben immer wie ein Sprung ins Wasser, bei dem ich nicht abschätzen kann, wie tief ich einsinke. Das Risiko aber eingehe. Mal zaghaft. Mal volle Kraft voraus.

So beginnt auf der Klippe das Kapitel über eine Lebensentscheidung meiner Mutter und wird für mich zum Herzschlag des Projektes. Dass es danach noch ein weiteres Kapitel geben wird, welches meine Mutter in den Fokus rückt, plane ich zu diesem Zeitpunkt nicht. Dass ich gerade jetzt in dieser Sekunde, im Rückblick auf den Prozess, noch ein weiteres Kapitel draufsetze, in dem es um Gott, Frauenrechte und meine Mutter gehen soll, ist so unerwartet wie das Leben selbst.

So sitze ich in meinem Bus und schreibe. Nicht unerwartet, aber spontan fällt mir der Titel ein oder besser, fällt mir zu: »Gott ist Feministin«. Die drei Worte sind einfach da. Sie bringen in aller Kürze meine tiefe Überzeugung zum Ausdruck: Wenn es eine göttliche Macht gibt, kann es einfach nicht sein, dass es ihrem Willen entspricht, dass Menschen in der Ganzheit ihres Wesens zwischen den Polen weiblich und männlich nicht gleichberechtigt gedacht und gewollt worden sind. Weiter noch, dass Gott in sich selbst genauso viele weibliche wie männliche Anteile in sich trägt. Wenn es doch heißt: »So schuf Gott den Menschen als sein Abbild, ja, als Gottes Ebenbild«. (1. Mose 1,27, HfA)

Über mir ist die Decke aus Holz. Dekoriert mit zahlreichen Polaroids vergangener Reisen. Kleine und große Momente. Flüchtige Bekanntschaften. Wunderbare Freund:innen. In der Hand halte ich die geblümte Kaffeetasse, deren Henkel abgebrochen ist. Keramik, an die ich mich seit meiner jüngsten Kindheit erinnern kann. Vertraute Alltagsgegenstände, die die DNA der Orte prägen, in denen ich aufgewachsen bin. Eben ein geblümter Kaffeebecher ohne Henkel. Eine Nagelschere mit braunem Griff, mit der mir schon als Kind die Nägel trotz Widerwillen geschnitten wurden. Ein Schleifenband aus waldgrünem Samt neben dem Schmuckkästchen meiner Mutter.

Während mir an diesem Septembermorgen 2020 die ersten Zeilen nur so aus den Fingern gleiten, bin ich optimistisch, dass mir auch der Rest des Buches ebenso schnell von der Hand gehen wird. Ein paar Monate, maximal ein halbes Jahr. Heute, über zwei Jahre später im Oktober 2022, muss ich darüber sehr laut lachen.

Nach den Tagen an der rauen Küste in Yport werde ich noch zwei weitere Wochen in Frankreich sitzen. Und während um mich herum Surfbretter zum Strand getragen werden und Bob Marley über drei kleine Vögel singt, versuche ich weiterhin einen roten Faden zu finden. Mich den biblischen Frauen anzunähern, die ich gerne aus einer neuen Perspektive beleuchten würde.

Während regelmäßig Urlaubsbekanntschaften an meinem Bus haltmachen und fragen, ob ich nun bald fertig sei, klebt ein Post-it mit den Worten an der Kante meines Laptops: »Es ist nur der erste Entwurf!«

Irgendwann ist es so weit. Nach insgesamt drei Wochen ist dieses erste Etappenziel geschafft. Um mir selbst dazu zu gratulieren, kaufe ich eine handgemachte Hängematte mit lila-lindgrünen Karos. Erleichtert verbringe ich viel Zeit zwischen Pinien, Strand und Meer. Hole mir einen Sonnenbrand.

Manchmal gehe ich eine Stunde durch den Wald hinter der Düne, um an einem einsamen Strandabschnitt nackt zu baden. »Sie war nackt und schämte sich nicht«, trifft für mich dann doch nur in der Abwesenheit von Menschen zu. Ansonsten surfe ich eher schlecht als recht, zumal ich selten so unfit war. *C'est la vie.* Dafür trinke ich sportlich viel französischen Rosé.

Ein paar Wochen später nimmt eine Idee Form an, die mich direkt fasziniert und vielleicht zunächst auch ein wenig befremdet: Dieses Buch zuerst als Hörbuch und später als gedrucktes Buch zu veröffentlichen. Als leicht bornierte Theologin, die sich allein durch den Erwerb dicker Bücher klüger fühlt, ist die Vorstellung, ein Buch erst nur zu hören, ungewohnt.

Gleichzeitig basieren alle biblischen Texte in ihrem Anfang auf Erzählungen. Mündliche Überlieferungen, die irgendwann niedergeschrieben wurden. Frauen und Männer, die ihre Lebensgeschichten teilten. In der Theologie spricht man von Erzählgemeinschaften: Menschen jeglichen Alters haben vor tausenden Jahren ihre Lebensgeschichten ausgetauscht. *Storytelling* am Lagerfeuer oder beim Wasserholen. Ein Austausch von Erfahrungen. Menschen berichten von ihren Abenteuern und ihrem Alltag. Weitergetragene Geschichten von Fluchten und Kämpfen. Trauer über den Tod. Hoffnungen durch das Überleben. Über ihre Alltagssorgen und über die großen Freuden des Lebens. Menschen, die ihr eigenes Dasein in Worte kleideten. Dabei haben sie ihre Erlebnisse immer auch durch die Brille ihres Glaubens betrachtet und gedeutet. So verband sich Alltägliches und Mystisches. So entstanden Erzählungen von historischer Relevanz und Metaphern, die den Versuch wagen, die Geheimnisse, die Phänomene zwischen Himmel und Erde zu beschreiben.

Erst Hören. Dann Sehen. So wird es gemacht. – Mit dieser Entscheidung kommt der Moment, in dem ich mir einbilde, durchatmen zu können. Gleichzeitig wird mir klar, dass ich jetzt aber auch ernsthaft ein zweites Buch schreiben muss. Also darf.

Ich bin mir darüber bewusst, dass viele Menschen viel dafür tun würden, veröffentlicht zu werden. Es gibt keinen Tag, an dem ich nicht mit sehr viel Dankbarkeit auf diese Möglichkeit schaue.

Aber auch wenn ich dankbar bin, spüre ich den Druck. Ein Gewicht auf den Schultern.

Wie beim Muscle-Memory-Effect, dem sogenannten Muskelgedächtnis, bei dem sich Muskeln angeblich an zurückliegendes Training erinnern, erinnert sich mein Unterbewusstsein wieder an die Strapazen eines längeren Schreibprozesses. Es kommt mir vor, als müsste ich einen Berg erneut besteigen oder einen Marathon laufen. Aber weniger mit so einem »Hab ich schon mal geschafft«-Gefühl, sondern eher so: »Oh Gott, ich bleib einfach an der Startlinie liegen!«

Ob es der vermeintliche »Fluch des zweiten Buches«, die damalige allgemeine Corona-Depression oder das unglaublich laute Internet war, das mich vor meinem Laptop sitzen ließ wie ein Kaninchen in Schockstarre vor einer Schlange, weiß ich nicht. Dabei empfand ich die Möglichkeit ja durchaus als Privileg. Aber bekanntlich schützen Privilegien nicht automatisch vor Selbstmitleid.

Apropos Selbstmitleid: Beim Surfen begegnet einem regelmäßig ein Phänomen des Ozeans. In der Wellenkunde spricht man dabei von einem sogenannten *wave set*. Ein *set* ist eine Reihe aufeinanderfolgende Wellen, die größer sind als die permanent ankommende Brandung. Die Surferin sitzt also draußen im *Line-up*, das ist der Bereich, in dem die Wellen kurz davor sind zu brechen, und hofft, eine geeignete Welle zu erwischen. Auch wenn die Wellen hier hoch sind, kann man auf seinem Brett sitzen und wird von den reinrollenden Wasserhügeln einfach hoch- und runtergetragen. Die Wellen bahnen sich im Idealfall in einer beliebigen Zeitspanne immer in einer ähnlichen Höhe und Stärke ihren Weg zum Strand. Bis auf einmal ein Set kommt und die Wellen deutlich höher werden. Wenn alles glatt läuft, bekommt ein:e gute:r Surfer:in eine der nun sehr hohen Wellen. Surft diese und freut sich. Wenn es schlecht läuft, überrascht einen die erste Welle. Spült dich nach vorne, an den Ort, wo die Wellen brechen, und du erlebst das, was man »Waschmaschine« nennt. Dabei sind die nachfolgenden hohen Wellen die Maschine und du als Surfer:in die Wäsche im Schleudergang.

Ähnlich wie ein *set* immer weiter auf mich einstürzender Wellen würde sich zeitweise das kommende Jahr für mich anfühlen: In einer kurzen Abfolge verließen zwei Kollegen unser eigentlich vierköpfiges Pastoralteam, um neue Kirchengemeinden zu übernehmen. Halbierte Arbeitskraft bei maximalem Bedarf. Aus meiner halben Stelle, die auch nur auf dem Papier die fünfzig Prozent einhält, wurde nun ein Strudel nicht endenwollender Termine. Eine Flut kleiner und großer Dinge. Neben dem normalen Wahnsinn an Gottesdiensten inklusive aller Vorbereitungen, Koordination der Musik, Technik-Orga, Predigt, Kirchenkaffee, Klopapierkauf, Seelsorge, theologischem Unterricht und den obligatorischen ein bis zwei Millionen E-Mails und diversen Besprechungen lag ein wichtiger Fokus auf der Begleitung von Asylverfahren für Menschen mit Fluchtbiografie aus dem Iran und Afghanistan.

Viele Menschen, die ihre Länder aufgrund der prekären Umstände verlassen mussten, suchen Trost und Gemeinschaft auch in christlichen Kirchen. In dem Zusammenhang begleiten meine Kollegen und ich seit Jahren Menschen als Vertrauenspersonen oder als Zeug:innen bei den Verfahren. Die Verhandlungen dauern oft Stunden. Manche sind fair und freundlich. Andere ähneln eher Verhören. Die Geschichten der Menschen sind herzzerreißend und bleiben es oft. Niemand flieht freiwillig. Selbst wenn der erwünschte Antrag genehmigt wird, selbst wenn sich damit eine Hoffnung auf eine bessere Zukunft, die verdammt nochmal jedem Menschen zusteht, erfüllt, bleibt mit dem Bleiberecht der Verlust der Heimat. Wer Asyl erhält, weil ihm aufgrund einer Glaubenskonversion der Tod droht, darf nie wieder zurück. Hinzu kommt, dass bei dem Kontakt zur eigenen Familie auch immer die Gefahr droht, dass Zurückgebliebene ins Visier der Geheimdienste geraten.

In meinem Beruf liegen die Extreme oft nahe beieinander: Erst ein Termin bei Gericht. Gefolgt von einem Meeting für das »Burning Church«-Festival. Eine Woche. 150 Leute. In Kärnten am Millstätter See. Ein Begegnungs-Zeit-Raum, um über Glaube und Zweifel zu sprechen. Ein Ort für Dialog. Kunst und einfach mal Sein zu können.

Geplant war, dass ich bei diesem Festival schon längst mit dem Buchmanuskript fertig sein wollte. Mir fiel ein ganzes Bergmassiv vom Herzen, als ich mir (und dem Verlag) das erste Mal eingestand, dass ich die Deadline unmöglich schaffen würde. Und mir alle sehr unkompliziert und nett eine gewaltige Verlängerung zugestanden haben. Das war einer der glücklichsten Tage des ganzen Jahres. Zu dem Zeitpunkt laufe ich mit einem Klemmbrett über den Campingplatz der Veranstaltung und schaue, ob für den Abend genug Bier vorhanden ist.

Auf das Festival folgt eine Hochzeit, die bereits pandemiebedingt mehrfach verschoben wurde. Auf die Hochzeit folgen Konferenzen. Plural. Gefühlt wird ohnehin jede Veranstaltung nachgeholt, sobald die Pandemie es halbwegs zulässt.

In dem Zeitraum absolviere ich on Top eine Ausbildung zur Klinischen Seelsorgerin, die zu meiner Grundausbildung gehört. Die Fortbildung umfasst insgesamt sechs Wochen und verteilt sich auf das Jahr. Ich arbeite in diesem Zusammenhang das erste Mal in Altenheimen, Krankenhäusern und in einem Hospiz.

Dies ist somit nicht nur eine Liste meiner persönlichen Rechtfertigung, die der Selbstversicherung dient, keine komplette Versagerin zu sein, sondern auch ein kleiner Einblick in das, was Pastor:innen so machen.

Ich schleppe in der ganzen Zeit regelmäßig kiloweise Literatur durch die Gegend in der Hoffnung, ein paar Zeilen für das Buch zu schaffen.

Aber da ist immer noch etwas auf der inneren Liste. Tausend geöffnete Tabs im präfrontalen Cortex. Dabei fühlt sich mein Kopf gleichzeitig an wie eine Sanduhr. In dem die Worte alle in dem oberen Gefäß gebündelt darauf warten, sich durch einen sehr dünnen Kanal sehr *langsam* in die Breite zu ergießen.

Ich habe während dieses Buchprojektes so oft das Gefühl, nichts auf die Kette zu bekommen. Ich liebe meinen Beruf. Aber manchmal ist eben alles sehr viel. Die Frage »Warum bin ich mit dem Buch so verdammt langsam?« füttert meine nächtliche Unruhe. Heute glaube ich, dass es tief in meinem Unterbewusstsein vergraben noch einen Grund gab. Rückblickend vermag ich nicht zu sagen, ob ich gegen die Zeit anschrieb, oder ob ich mich in der Kunst des Zeitschindens geübt habe. Ein inneres Zögern. Wie Menschen, die Angst haben, ihr Testament zu machen, aus Angst, es könnte ihren Todeszeitpunkt vorziehen.

So ist ein ganzes Jahr vergangen. Oktober 2021. Das Buch ist immer noch nicht fertig. Mein kleiner Bruder ruft mich spätabends an. Das kommt öfter vor. Diesmal kommt kein: »Jo. Wollte nur mal hören, wie es so geht.« Kein leicht süffisantes: »Und, wie weit bist du mit dem Buch?« Sondern Sorge in der Stimme. Er ringt mit sich. Eigentlich soll er es mir nicht erzählen. Weil ich laut meiner Mutter ohnehin genug Stress habe. Dann erzählt er es mir zum Glück doch: »Mama wird wieder bestrahlt.«

Acht Jahre zuvor wurde bei meiner Mutter Brustkrebs festgestellt. Ein kleiner, aber bitterböser Tumor. Der früh entdeckt und schnell entfernt wurde. Natürlich waren die Operation und die erste Bestrahlung schlimm. Aber meine Mutter war zuversichtlich, dass sich die Sache damit auch erledigt hatte.

Die Erinnerungen an die erste Diagnose und die erste OP meiner Mutter und unseren gemeinsamen Krankenhausbesuch in Köln werden wieder wach: Als wir kurz nach der OP gemeinsam zur Bekanntgabe der Ergebnisse einer ihrer routinemäßigen Nachuntersuchungen fahren, färbt ihre Zuversicht auf mich ab.

Die Fahrt fühlte sich im Hochsommer von der Stimmung eher nach einem kleinen außerplanmäßigen Ausflug an als nach einem

Besuch im Krankenhaus. Ich begleite sie, weil ich aus irgendwelchen Gründen freihabe oder die Uni schwänze. Sie wäre auch allein gefahren. Dass mein Vater sich einen Tag freinimmt, was er mehr als liebend gern getan hätte, kommt überhaupt nicht in Frage.

Kein Brimborium um Krankheiten, lautet die sture Devise meiner Mutter. So sitzen wir im Wartezimmer mit einem Fensterblick auf volle Baumkronen. Wir blättern mäßig motiviert durch die abgegriffenen Zeitschriften, lästern ein wenig über die Boulevardpresse. Vielleicht ist es auch nur der Versuch, eine Atmosphäre der Normalität auf der Krebsstation zu schaffen. Als die junge Ärztin uns aufruft, folgen wir ihr in ein kleines, schmuckloses Beratungszimmer. Ich kann mich nicht an den genauen Wortlaut erinnern. Aber die Ausführungen der Medizinerin beginnen mit der Formulierung: »Leider muss ich Ihnen mitteilen…« Gefolgt von Begriffen wie: Metastasen. Wirbelsäule. Sternum. Therapie. Bisphosphonate.

Der Krebs, den meine Mutter meinte bereits besiegt zu haben, hat sich allem Anschein zum Trotz ausgebreitet. In diesem Fall nicht in andere Organe, sondern in die Knochen. Maßgeblich in ihrer Wirbelsäule. Nach einigen Minuten verlassen wir den Raum. Eine Mischung aus Schock und Enthusiasmus. »Nicht wahrhaben wollen« und »Es wird schon« begleiten uns beim Gang durch die Krankenhausflure.

»Wenn jetzt jemand denkt, ich würde zu einer Kur fahren, um so Selbstmitleids-Töpfern zu machen … das können die vergessen«, stellt meine Mutter trocken fest. Wie genau meine Mutter den Krebs mit einem Kur-Töpfer-Szenario assoziierte, entzieht sich meiner Kenntnis. Aber ich bestätige sie darin, dass sie sicherlich niemand zu einer Kur zwingen wird. Obwohl ich heimlich denke, dass das gar nicht das Schlechteste wäre.

Anstatt selbstgemachter Keramik werden dafür Tischdecken ein probates Trostmittel. Mehr als einmal steht meine Mutter in den Jahren nach ihrer ersten Krebsdiagnose, in denen sie sich durch die Krankheit kämpft, in hübschen landhausstillastigen Geschäften mit allerhand Dekorationsbedarf im Angebot und verkündet, kurz vor dem Erwerb der gefühlt zweihundertsten Tischdecke: »Ich habe Krebs. Ich sollte diese Tischdecke kaufen.« Vielleicht weil Tischdecken die Vorboten von Festen sind. Und Feste – Familie, Freunde, Essen – schlicht »Leben« bedeuten.

Die Rückfahrt vom Krankenhaus nach Hause erinnert nun weniger an einen Ausflug. Aber auch nicht an einen Untergang. Das Radio läuft, und meine Mutter wiederholt das Motto ihres Lebens: »Gott ist groß. Wir werden sehen, was kommt.«

Die Erinnerung an diese erste Diagnose liegt an dem Abend, an dem mein Bruder anruft, acht Jahre zurück. Acht Jahre diverser Medikationen. Meine Mutter bekommt keine Chemo, bei der sie ihre Haare verliert. Meine Mutter bekommt Medikamente, die die Metastasen in den Knochen angreifen. Aber eben auch Knochen. Im Fall meiner Mutter sind es ihre Kieferknochen. Sie verliert nicht ihre Haare. Dafür ihre Zähne. Dennoch niemals ihren Biss. Da es meiner Mutter nicht Recht wäre, die Details der Symptome weiter auszubreiten, fasse ich es mit den Worten zusammen, die eine Freundin immer für schlechte Beziehungen nutzt: Die *Highs are high*. Die *Lows are low*.

Auch in diesem Moment des Telefonats mit meinem Bruder macht sich keine Panik in mir breit. Etwas Sorge, ja. Aber keine Angst. Ob es an meinem Beruf liegt? Oder ob mein Gottvertrauen trägt? Weiß ich nicht. Vielleicht ist es einfach die Tatsache, dass ich durch die Entfernung Wien-Köln weniger mitbekomme. Oder es schlicht verdränge? Doch, es ist ein Gottvertrauen. Kein naives nach dem Motto: »Wird schon alles gut werden.« Mehr so ein: »Gott vertrauen, egal was kommt, Gott ist da.« Vielleicht ist es auch alles zusammen. Quasi ein heiliges Potpourri der Resilienz.

Dennoch beschließe ich in derselben Sekunde, dass ich an Heiligabend zu Hause sein werde. Pastorin hin oder her. Egal ob der Weihnachtsgottesdienst coronabedingt digital oder doch in Präsenz stattfindet. Dieses Jahr werde ich da sein. Ich bestärke meinen Bruder darin, dass es absolut richtig war, mich zu informieren. Es kann nicht sein, dass ich Seelsorge in Krankenhäusern leiste und der Kummer der eigenen Familie an mir vorbeischleicht. Auch wenn ich glaube, dass es auch eine Schutzfunktion meiner Mutter ist, die Kontrolle über die Informationen ihrer Krankheit verwalten und somit das Narrativ in der Hand behalten zu wollen. Selbstbestimmtheit auch im Chaos.

Nachdem ich in meinem kirchlichen Team die Situation schildere, finden wir eine Lösung für Weihnachten. Ich rufe zu Hause auf dem Festnetz an, und wie immer schallt die stets fröhliche Stimme meiner Mutter in mein Ohr, nachdem ich sie begrüße mit den Worten: »Da ist die Mi.« Ein Kosename, den nur meine Mutter für mich benutzt.

Ich erkläre, ohne den Anruf meines Bruders zu erwähnen, dass sich eine Möglichkeit aufgetan hat, dass ich Weihnachten zu Hause bin. Das war die Jahre davor nicht immer gegeben. Zwei Jahre zuvor hab ich beispielsweise den Weihnachtsgottesdienst maßgeblich zusammen mit einem Praktikanten aus den USA bestritten. Tylor hat mit breitem amerikanischem Akzent Weihnachtslieder gesungen und auf der Gitarre begleitet. Ich habe gepredigt. Irgendwie kristallisierte sich dann nach dem gut besuchten Gottesdienst heraus, dass er ein dringendes Bedürfnis hatte, über seinen Liebeskummer zu reden. Und so verbrachte ich den Heiligen Abend nicht mal so richtig allein mit einer Flasche Sekt, Bridget Jones und im Zweifel meinem eigenen Liebeskummer, sondern lauschte den Untiefen Anfang zwanzigjährigen Herzschmerzes, der halb auf Englisch, halb auf Deutsch kombiniert mit amerikanischem Pathos einfach unfassbar dramatisch daherkam. Von der auf vier Euro reduzierten Tiefkühllasagne, die mein spontaner Weihnachts-Seelsorge-Gast mitgebracht hatte, habe ich allerdings keinen Bissen runterbekommen.

Die Tatsache, dass ich nun dieses Weihnachten zu Hause sein würde und dazu auch noch mein neuer Freund Marco es möglich machen konnte, ebenfalls da zu sein, hat für meine Mutter, die mir immer noch hartnäckig ihre Bestrahlung verschweigt, einen ähnlichen Effekt wie der Saft bei der Gummibärenbande. Oder Pferderennen für die Queen. Um es mit einem Wort zu sagen: Enthusiasmus:

»Was sollen wir essen? Wie lange bleibt ihr?« Sie kann sich gerade noch bemühen, uns im Oktober noch nicht auf die Uhrzeit unseres Erscheinens festzulegen. Bin aber sicher, dass sie sich bereits innerlich für eine Tischdecke entschieden hat, mit der wir »den Geburtstag des Herrn Jesus begehen«.

In der darauffolgenden Adventszeit hoffe ich, dass die Buchbranche so mit sich beschäftigt ist, dass ich unter dem Radar bleibe. Auch meine verlängerte Deadline-Frist konnte ich nicht einhalten. Da aber keiner gefragt hat, habe ich auch nichts gesagt. Es fühlt sich an wie wieder in der Schule zu sein und seine Hausaufgaben nicht gemacht zu haben. Aber in weniger cool. Nicht so nach Leistungsverweigerung in der Mittelstufe. Mehr so 5. Klasse: »Ich hab's nicht verstanden und schäme mich.« Ich bin zwar nicht mehr in der Schule, dennoch stehen endlich ein paar Tage Ferien an. Meine Hoffnung geht auf. Keine Mail des Verlags. Nur ein nettes Weihnachtspäckchen für die Autor:innen. Orangenmarmelade und Tomatenöl in schicken mattschwarzen Gefäßen. Die Flasche Öl in meiner Küche fühlt sich in den folgenden Monaten an wie ein mahnender Wächter. Als ob das aromatisierte Öl mir zuraunen würde: »Du machst dir einen Kaffee?! Ich hoffe, der hilft dir beim Schreiben.«

Aber jetzt erstmal: Weihnachten. Mit allem Drum und Dran. Da weder mein Bruder noch ich in den letzten Jahren mit Partner:innen aufgewartet haben, ist die Aufregung groß. Der Versuch meiner Mutter, dabei die Contenance zu bewahren, läuft eher so: Stets bemüht.

Wir kommen schon einen Tag früher, sodass wir sogar noch das Baumaufstellen tatkräftig unterstützen können. Zumindest Marco. Ich teste derweil den Riesling-Sekt schon mal vor und mache ein Foto von der für mich auch vollkommen neuen Situation.

Da wir davor schon beruflich zwei Jahre lose befreundet waren, ist die neue Liebe, die jetzt mit meiner leicht überdrehten Familie versucht, einen Tannenbaum in einen Ständer zu klemmen und irgendwie gerade zu positionieren, ein fast schon skurriler Anblick. Ich mache ein Foto. Hagen und Marco frickeln am Baum herum. Mein Papa lässt die beiden machen, während meine Mutter Ratschläge erteilt. Für eine Sekunde durchzuckt mich der Gedanke: »Was ist, wenn dies das letzte Weihnachten ist, an dem meine Mutter lebt?«. Ich spüle den Gedanken mit einem Schluck Sekt runter und bin von meiner eigenen Theatralik kurz genervt. Meine Mutter springt für ihre Verhältnisse putzmunter um den Baum rum. Kein Grund für düstere Gedanken.

Der Baum steht. Die ganze Wohnung ist festlich dekoriert. Der Kühlschrank ist voll. Weihnachten kann kommen. Das volle Programm. Aufstehen und Baum schmücken. In den letzten Jahren sind zu den traditionellen Kugeln diverse Gemüsesorten dazu gekommen, welche meine Mutter beim Aufhängen immer mit einem »Hihi« kommentiert, als ob sie jemandem einen Streich spielen würde. Marco kommt zudem in den Genuss, sich sämtliche Urlaubsfotos von den letzten England- und Schottlandreisen meiner Eltern anzuschauen. Die sich ebenfalls einen VW-Bus zugelegt haben. Während der digitalen Großbild-Fotosession wird Marco eher weniger subtil ausgefragt.

Aufgrund der Omikron-Variante verzichten wir auf den Besuch eines Gottesdienstes. Dafür trinken wir ab mittags Sekt und schauen Harry Potter.

Meine Mutter findet mich in aufkommenden Diskussionen egal zu welchem Thema teilweise »zu feministisch«, wenn ich erwähne, dass man den einen oder anderen Sachverhalt vielleicht heute anders betrachten würde. Vor allem da sie der Meinung ist, dass sie sich bestimmte Dinge nicht hat gefallen lassen. Und wenn sie das konnte, müsste das doch jede:r können. Bevor ich erneut die Wörter »patriarchales System« in den Mund nehme, beschließe ich an dieser Stelle, unser aller Kräfte zu schonen und Hermine Granger das Feld zu überlassen.

Charles Dickens' Weihnachtgeschichte übernimmt nach Harry Potter. Sowohl in einer klassischen Verfilmung als auch in der Version mit den Muppets. Es gibt Ente. Kartoffeln und Rotkohl. Noch mehr Sekt. Eine kleine Bescherung. Geschenke und Pläne für das kommende Jahr. Alles ist gut.

In diesem Moment, in dem dieser Satz entsteht, ist es 18 Uhr, 24. November 2022. Draußen läutet eine Glocke. In vier Wochen ist wieder Heiligabend. Alles wird anders sein. Am 2. Oktober ist meine Mutter nach neun Jahren Krankheit, aber unerwartet gestorben. Zu Hause. An den Folgen der Erkrankung.

Zwei Tage zuvor saßen wir noch alle am Strand meiner Kindheit. Eine kleine Bucht im Norden von Spanien. Am Mittelmeer. Es war ein Geschenk zum 70. Geburtstag meiner Mutter im Juni. Der Plan war, dass wir alle zusammen in das Apartment fahren, welches wir als Familie ab 1989 rund 20 Jahre Sommer für Sommer gemietet haben. Da die kleine Ferienwohnung direkt am Meer sehr begehrt ist, blieb nur diese letzte Woche übrig, in der der September in den Oktober übergeht. Marco und ich wollten im Anschluss an den Familienurlaub mit meinen Eltern und meinem Bruder noch ein paar Tage dranhängen. Ein bisschen Zweisamkeit. Zumal wir aufgrund einer Hochzeit von Freunden eh erst zwei Tage später als alle anderen per Flugzeug in Barcelona landen würden, während meine Familie mit dem Auto die 1200 Kilometer von Köln an die katalanische Küste hinter sich gebracht hat. Ich freue mich auf die vor uns liegende Zeit.

So sehr ich die Freiheit der letzten zehn Jahre durch den Bulli liebe, die Möglichkeit, jeden Tag woanders zu sein, wenn man möchte, genau so liebe ich diesen so besonderen Ort. Die Bucht ist vielleicht gerade mal einen Kilometer lang. Keine Kiesel, sondern feiner Sandstrand. Das kalte Wasser wird schnell tief.

Im Rücken die Ausläufer der Pyrenäen. Grüne Hügel, die sich zum Meer hin in schroffe Felsformationen verwandeln. Die Region wird auch »die wilde Küste« genannt. Das Licht enthält immer eine

Spur Gold. In der Hochsaison kann es schon mal voll werden. Aber morgens und abends ist der Strand immer so gut wie leer. Jetzt, Ende September, ist den ganzen Tag wenig los. Das kleine Fischrestaurant nebenan wird winterfest gemacht.

Das Apartment Nummer 38 ist eine von drei weiß getünchten kleinen Wohnungen, die direkt am Strand liegen. Nur ein vielleicht vier Meter breiter Weg aus Schieferplatten trennt die Terrasse vom Sandstrand. Nimmt man Anlauf, um ins Meer zu laufen, sind es von den weißen Plastiksesseln bis zum Wasser nur ein paar Sekunden. An der Wand klettert hinter einer kleinen Palme im Tontopf eine dieser lila Blütenranken Richtung Himmel, für die das Wort »Blütenpracht« erfunden wurde. Bougainvillea heißt die Kletterpflanze. Ich bin nicht sicher, wie man das ausspricht, aber als ich sie recherchiere, erfahre ich, dass sie zu der Gattung der Wunderblumengewächse gehört. Ich muss lächeln.

Das Meer, das glatt wie ein Spiegel daliegt, rauscht in aller Gemächlichkeit sanft auf das Ufer. So kitschig es klingt: Hier kann ich ruhig werden. Wenn ich hier bin, kann ich nirgendwo auf der Welt etwas verpassen.

Ich bin Jahre nicht mehr hier gewesen. Das Apartment kam mir als Kind größer vor. Zwei Schlafzimmer. Eins mit Doppelbett. Eins mit Stockbetten. Ein Wohnbereich. Der minimalistische Einrichtungsstil ist geblieben. Ein Tisch, vier Stühle, zwei Sessel. Und immer Sand auf dem Steinfußboden. Nur die Couch ist nicht mehr weiß, sondern Nivea-Creme-Dosen-blau.

Vor rund 32 Jahren lag ich, als die Couch noch weiß war, hier auf dem Schoß meiner Mutter. Ich war zu dem Zeitpunkt fünf Jahre alt. Verweint, verschwitzt und verletzt. Nachdem ich bei einem Ausflug mit meinem Papa auf »die Felsen« tierisch hingefallen bin. Mein maximal geduldiger Papa war primär für mein Urlaubsentertainment zuständig: » Papa toben. Papa Wasser. Papa Burg bauen. Papa Felsen.« Mit Kescher und Eimer. »Die Felsen«: eher eine große Felsenformation, die die Bucht Richtung Süden abschließt. Je nach Gezeiten ragen einige Felsbrocken höher oder tiefer aus dem Wasser. »Ein fantastischer Ort, nicht nur um sich saumäßig weh zu tun, sondern auch um begeistert wundersame Unterwasserwelten zu beobachten.« – So beschreibe ich es zumindest in dem ersten Kapitel meines ersten Buches, das mit der schmerzhaften Episode und dem Satz »Ich kann das alleine!« beginnt.

In Gedanken bin ich auf einmal wieder fünf Jahre alt: Ich liebe es, stundenlang mit meinem Kescher und Eimer nach kleinen Fischen und Krebsen und Seeigeln Ausschau zu halten. Dabei gleichen die großen Steine einem Hindernisparcours. Klettern und hüpfen lautet die Devise. Nun hält mir mein Vater bei einem Manöver die Hand hin, und schneller, als er reagieren kann, springe ich los, rutsche ab und falle mit meinem Brustkorb auf den rauen Stein. Das konnte ich dann doch wohl nicht allein. Das Resultat ist ein langer Schnitt und eine handtellergroße Schürfwunde unterhalb des Halses. Ein blutendes Kind und ein geschockter Papa, der seine Tochter im Eiltempo auf seinen Armen nach Hause trägt. Zwischen meinen Eltern entsteht eine kurze Diskussion, ob es ratsam wäre, eine Ärztin oder einen Arzt aufzusuchen oder nicht. 1990, ohne *Google Translate,* gestaltet sich dies komplizierter als heute. Meine Mutter plädiert dafür, dass sich alle erstmal beruhigen. So liege ich auf der Couch in dem angenehm kühlen Apartment, mein Kopf auf den Beinen meiner Mutter, und sie singt. So wie sie oft abends Lieder vorsingt. Zum Großteil alte Kirchenlieder. Wobei meine Mutter auch eine hohe Textsicherheit bei den Stones und Janis Joplin beweist.

Jetzt sing sie:

Wie ein Strom von oben aus der Herrlichkeit
fließt der Friede Gottes durch das Land der Zeit.
Tiefer, reicher, klarer strömt er Tag und Nacht
mit unwiderstehlich, wunderbarer Macht
Friede meines Gottes, stille, tiefe Ruh
alle meine Sorgen, alles deckst Du zu.[19]

Der Trost, die Ruhe und Sicherheit meiner Mutter legen sich um mich wie eine Decke. Ich schlafe ein. Nach zwei Stunden Schlaf einigt sich Familie Ungewitter auf den Besuch einer Apotheke. Ich werde mit einer dicken, nach Zink riechenden Salbe eingeschmiert und springe kurz darauf wieder ins Salzwasser.

Die Narbe trage ich noch heute auf meinem Schlüsselbein. Ein zarter weißer Streifen. Eine Erinnerung ans Hinfallen und Aufstehen. An Schmerz. Getröstet werden. Trost.

An einem dieser letzten Morgen im September sitzen wir jetzt nicht auf der Couch, sondern draußen auf der Terrasse, umrandet von Rosmarinsträuchern. Wir blicken aufs Meer. Eine streunende Katze zieht gelassen vorbei. Meine Mutter sitzt auf dem gepolsterten Gartenstuhl. »Ist das nicht traumhaft?« Ich nicke noch halb verschlafen mit meiner Tasse Kaffee in der Hand.

In der Woche schläft meine Mutter viel. Neue Medikamente halten zwar die Metastasen in Schach, aber sie schwächen auch den Rest des Körpers massiv. Daher stehen wir alle auf, wenn meine Mutter wach wird, zumal sie morgens meistens recht fit ist. Mein Vater besorgt Brot beim Bäcker. Meine Mutter ist in erstaunlicher Gesprächslaune. Mein Bruder, Marco und ich verbal eher noch so mittel.

Meine Mutter hat ein Vorhaben: »Miralein, such mal auf deinem Handy *God save the Queen* von *Last Night of the Proms* aus der Royal Albert Hall aus dem Jahre 2012 bei YouTube.«

Mein Inneres schwankt zwischen »Och Nö« und »Warum eigentlich nicht?«

»Das müsst ihr hören. Da, wo der Chor so leise anfängt und dann aber: Gib's ihm!«

Meine Mutter war seit jeher ein großer England-Fan. Als junge Frau in London am Piccadilly Circus, genauso wie die letzten Jahre vor dem Fernseher, wenn die besagte *Last Night of the Proms* übertragen wird. Ein klassisches Musikkonzert, das gegen Ende eine Partystimmung annimmt. In der sich die feine Gesellschaft Fähnchen schwenkend im wahrsten Sinne des Wortes hochschaukelt. Zudem ist vor einigen Wochen die Queen gestorben. Vielleicht war das der Auslöser, warum ich mich an der katalanischen Küste durch Musikvideos aus London skippe. Meine Mutter, der in solchen Phasen nichts schnell genug gehen kann, beauftragt meinen Bruder, die Box zu holen. Ich finde die britische Hymne. In dem Video legt der Dirigent den Finger auf die Lippen. Alles wird still.

Der Chor beginnt nahezu zart. Die Bluetooth-Box ist gekoppelt, und nach einer Minute schallt über die Terrasse, begleitet vom Gesang meiner Mutter, der die groteske Situation sichtlich Spaß macht: *God save the Queen.*

Ein Spaziergänger mit Golden Retriever nimmt es gelassen. Mein Vater kommt zurück. »Papa ist da, Mira mach nochmal«, und wir geben eine Zugabe. Danach nimmt meine Mutter eine Schmerztablette und legt sich für den Rest des Tages ins Bett.

Kurz darauf erfahren wir, dass wir das Apartment doch nicht wie eigentlich geplant wechseln müssen. Damit wird dem Abreisetag meiner Familie nicht nur der Zeitdruck genommen, am nächsten Morgen früh zu packen und pünktlich die Ferienwohnung zu verlassen. Die neue Situation wirft auch die Frage auf, ob meine Familie nicht doch noch ein bis zwei Tage dranhängt. Die Idee kommt von meiner immer schwächer werdenden Mutter selbst: »Das wäre ja wie ein Sechser im Lotto.« Ein Gedanke, der gleichermaßen Freude in mir auslöst, aber auch die Zweisamkeit und mein Vorhaben, vielleicht doch noch das letzte Kapitel fertig zu bekommen, gefährdet. Die Freude über die Möglichkeit, alle beisammenzuhaben, überwiegt letztendlich.

Da sich der Zustand meiner Mutter in den letzten Jahren immer wieder rapide verbessert oder verschlechtert hat, soll die Entscheidung spontan gefällt werden. Und so beschließt meine Mutter morgens um fünf, dass sie doch heute nach Hause will. Ein paar Stunden später packen wir alle das Auto. Es ist Samstagmorgen, die Sonne scheint, und meiner Mutter ist kalt. Mein Papa und mein Bruder klappen den Vordersitz so um, dass meine Mutter während der Fahrt liegen kann. Taschen und Proviant sind verstaut. Jetzt noch Tschüss sagen.

Meine Mutter kann schon seit Jahren nur noch kurze Distanzen gehen. Stehen geht noch schwerer. So sitzt meine Mutter 32 Jahre nach dem Trostsingen auf der blauen Couch. Exakt am selben Ort, wo ich wie heute noch ihre Stimme im Ohr habe:

»Friede meines Gottes, stille, tiefe Ruh
alle meine Sorgen, alles deckst Du zu.«

Und wir verabschieden uns. Ich beug mich runter. Wir nehmen uns in den Arm: »Ich hab dich lieb.« »Ich hab dich auch lieb, mein Kind. Schön war das mit euch.« Sie gibt mir einen Kuss und hievt sich hoch.

Marco und ich schauen dem Auto nach. Am Tag darauf beschließen wir, auf die Felsen zu gehen. Ohne Handys. Als wir wiederkommen, kommt der Anruf. Es ist Sonntag, der 2. Oktober. Wir landen kurz vor Mitternacht in Köln.

Heute ist der erste Advent. Ein anderer Advent. Meine Mutter wurde vor rund sechs Wochen beerdigt. Auf der Rückfahrt vom Bestattungsinstitut lese ich auf einem Straßenschild, ich glaube, es war für eine Gärtnerei, das Wort »Mutterboden«. Dieses Wort begleitet mich seitdem. Ein Trostwort. Und irgendwie kommt alles zusammen. Das Bild vom Garten. Von Eden und Eva. Die prächtige Bildsprache des Hohelieds. Die mutige Maria von Magdala. Meine Selbstzweifel als 15-jährige, die auf ihre Menstruation wartet. Die Verbundenheit von Ruth und Noomi. Der Advent und Marias Abenteuer.

Neben der Trauer hat sich in den ersten Wochen noch ein weiteres Gefühl in mir breit gemacht. Eine seltsam neue Form von Wagemut. Eine neue Kalibrierung meiner Prioritäten. Eine heilige Gelassenheit. Mein unbedingter Wille nach Leben. Ein Leben, welches mit einem Glauben an Gott verwoben ist. Auch ich schreibe meine Geschichte auf durch die Brille meines Glaubens, der den Zweifel miteinschließt. Auch die Wut. Und so würde ich auch im letzten Teil des

Buches, den letzten Metern der Reise, den Satz unterschreiben: Die Summe der Erfahrungen macht die Theologie.

Aber natürlich auch eine solide Grundlagenforschung kombiniert mit der Kenntnis der alten Sprachen. Ebenso wenig dürfen Neugier und die Bereitschaft fehlen, neue Perspektiven einzunehmen.

***

Am Ende des letzten Kapitels will ich daher nicht über eine weiblich gelesene biblische Person nachdenken, sondern über Gott selbst. Von dem mein Titel kühn behauptet: Gott ist Feministin. Was sagt Gott eigentlich über sich selbst? Gott, der uns in der Kunst- und Literaturgeschichte so oft als alter weißer Mann begegnet. Den Christ:innen überall auf der Welt im Gebet als Vater anreden. Ein Gott, in dessen Namen Kriege geführt wurden und werden. Ein Gott, auf den man sich beruft, wenn es darum geht, Frauen zu unterdrücken. Wie stellt sich dieser Gott selbst in den biblischen Texten vor? Unabhängig, ob man daran glaubt oder nicht. So ist es doch interessant, auch rein hypothetisch: Wie würde sich Gott bei einem Kennenlernen vorstellen?

Wenn ich mich selbst vorstelle, wähle ich aus vielen Möglichkeiten je nach Begebenheit einen Schwerpunkt aus. Genauso, wenn ich beispielsweise vorgestellt oder angesprochen werde: Theologin. Pastorin. Autorin. VW-Bus-Fahrerin. Schwester. Tochter. Freundin. Kollegin. Ein »Hey, ich bin Mira« in einer lockeren Runde auf dem Campingplatz löst eine andere Reaktion aus als ein »Guten Tag. Mein Name ist Mira Ungewitter, Pastorin, Theologin«. Genauso wie die Anrede »Da ist die Mi« einen anderen Teil meiner Persönlichkeit und Beziehung hervorhebt als ein Anschreiben, das mit den Worten beginnt: »Sehr geehrte Frau Magistra Pastorin Ungewitter, wir bitten Sie, als Zeugin vor Gericht vorstellig zu werden.«

Was würde Gott betonen? Und in welchen Bildern wird er in der Bibel vorgestellt, damit wir eine Idee vom Geheimnis des Göttlichen bekommen? Welche Metaphern, Zuschreibungen und Anreden haben die Autor:innen der uralten biblischen Texte gewählt, um ihre Erfahrungen, die sie für Berührungen mit dem Göttlichen hielten, zu beschreiben? Oder, besser gesagt, zu umschreiben? Denn wie definiert man etwas, das sich paradoxerweise per Definition nicht definieren lässt?

Sollte es Gott geben, muss sich Gott automatisch allen menschlichen Kategorien entziehen. Es ist vielleicht vergleichbar mit dem Versuch, die Liebe zu umschreiben. Ich wage zu behaupten, dass jeder Mensch Erfahrungen mit der Liebe kennt. Und wenn es das verheerende Gefühl der unerwiderten Liebe ist.

Dabei spielt es keine Rolle, ob es um amouröse Liebe von Verliebten geht, und was bleibt, wenn das Verliebtsein sich, wie auch immer geartet, wandelt. Wärmer oder kälter wird. Oder ob es sich um die Form von Liebe handelt, die eine tiefe Freundschaft widerspiegelt. Die Liebe, mit denen Eltern ihre Kinder lieben und umgekehrt. Liebe zu einem Haustier. Liebe für eine Passion. Die Berge oder das Meer. Allein diese Liste ließe sich noch ewig fortführen und ergänzen.

Für die meisten Formen der Liebe haben Menschen nach Worten gesucht. Unzählige Gedichte, Lieder. Vom Kinderlied bis zur Oper, Romanen epischen Ausmaßes, Kunstwerken oder dem Zettel auf dem Küchentisch: »Du bist toll«. Die betrunkenen Voicemails nachts um vier. Selbst Bochum hat ein Liebeslied. Alles Formen, Liebe auszudrücken oder den Versuch zu wagen, die Liebe zu beschreiben.

Und dennoch sind alle Worte über Liebe immer nur Stückwerk. Annäherungen an das Geliebte. Es gibt Worte, die zahlreiche Menschen sofort unterschreiben, mitsingen oder sich tätowieren lassen würden. Andere hingegen würden vollkommen andere Ausdrucksweisen für das Phänomen Liebe nutzen. Sie berechnen die Liebe oder klären uns über die chemischen Abläufe im Körper auf, die uns fühlen lassen. Was wir fühlen. Alles Teile des Spektrums eines unerschöpflichen Phänomens.

Vielleicht ist es kein Zufall, dass der Verfasser des Johannesbriefes rund um das Jahr 100 nach Christus folgende Worte auf das Pergament bringt: »Gott ist Liebe; und wer in der Liebe bleibt, der bleibt in Gott und Gott in ihm.« (1. Johannes 4, 16b, LUT) Somit verbindet er die beiden Geheimnisse. Setzt sie in Beziehung. Allein dieser Vers hätte ein ganzes Buch verdient. Gott ist Liebe. Das ist streng genommen auch eine Aussage. Der Versuch einer Definition. Aber da auf beiden Seiten Begriffe stehen, die sich der vollen Erkenntnis entziehen, halte ich diese Textpassage für eine sehr schöne Annäherung an das Gefühl, etwas *Unbeschreibliches* zu empfinden. Oder ist es eine Annäherung an das unbeschreibliche *Empfinden?* Auch die Umschreibung »in der Liebe« beziehungsweise »in Gott bleiben« empfinde ich als wunderschön. Als ob diese Größen Räume wären, die man betreten kann.

Natürlich gibt es neben diesem eher abstrakten Exkurs auch konkrete Metaphern für Gott, der Bildwelt der damaligen Zeit entsprechend: der allmächtige König. Der Töpfer. Der gute Hirte. Um nur einige zu nennen. Und natürlich ist die Bibel auch eine Sammlung von Schriften, die von patriarchalen Denkmustern durchzogen sind. Daher ist es aber umso bemerkenswerter, wenn die Überlieferungen eben diese patriarchale Welt verlassen.

In dem Buch des Propheten Jesaja, das rund 700 Jahre vor Christus entstand, ist folgender Satz über beziehungsweise von Gott zu lesen: »Ich will euch trösten, wie einen seine Mutter tröstet«. (Jesaja 66,13, LUT) Gott stellt sich hier höchstpersönlich in den Aufzeichnungen eines der wichtigsten prophetischen Bücher als Frau und Mutter vor. Die Texte gelten einem ganzen Volk, einer ganzen Gesellschaft, die verzweifelt ist und am Boden liegt.

Da ist Trost. Nicht der gut gemeinte Trostpreis, sondern wahrhafter Trost, der es schafft, eine Situation des Leids zu verändern, ein Zeichen von Stärke, Zuversicht. Eine Kraft, die den Blick nach vorne richtet. Dieser Teil der komplexen Schriftsammlung des Propheten Jesajas wird daher auch als »Trostbuch« bezeichnet.

Das Bild der Mutter, der Frau für Gott zieht sich hierbei wie ein roter Faden durch. Besonders eindrücklich wird die weibliche Identifikation Gottes, wenn man die lateinische Übersetzung des hebräischen Textes, der Biblia Vulgata, hinzuzieht. Zur Erinnerung: Das Alte Testament ist ursprünglich in Hebräisch verfasst. Das Neue Testament auf Altgriechisch. Die Biblia Vulgata wiederum ist eine Übersetzung beider Teile ins Lateinische. Latein war zumindest in gehobenen Kreisen wie dem Klerus, salopp gesagt, damals so ähnlich wie wenn man heute unterschiedliche Sprachen spricht und sich auf Englisch einigt. Damit war die Biblia Vulgata die im Mittelalter verbreitetste lateinische Übersetzung der Bibel, eine Art Vorgänger der von Martin Luther übersetzten deutschen Varianten. Wenn ich also heute meine Lutherbibel aufschlage, um eine weitere Stelle im Buch Jesaja zu suchen, in der Gott von sich als Mutter spricht, lese ich hier wieder bezogen auf das verzweifelte Volk der Israelit:innen: »Die ihr von mir getragen werdet vom Mutterleibe an und vom Mutterschoße an mir aufgeladen seid.« (Jes 46,3, LUT) – »Mutterleib« und »Mutterschoß«. Was für uns altertümlich klingt, ist für Luther im 16. Jahrhundert Alltagssprache.

Schaut man aber eben in dem hunderte Jahre älteren Text der Biblia Vulgata nach, steht hier anstatt »Mutterleib« und »Mutterschoß Gottes« Folgendes: *»...a meo utero ...a mea vulva.«* Es ist kein großes Latinum nötig, um dies auf sich wirken zulassen: *»...a meo utero...a mea vulva.«* Ich stelle mir vor, wie von der Kanzel eines Domes, in dieser sakralen, getragenen Predigtstimme, ein ehrwürdiger Kleriker verlauten lässt: »Ich bin Gott, die dich in meinem Uterus getragen und dir durch meine Vulva das Leben geschenkt hat.« – Wer hätte gedacht, dass die lateinische Bibelübersetzung des Mittelalters mal die These stützen würde, dass Gott eine Feministin ist?

Auch im Neuen Testament begegnen uns weibliche Metaphern für Gott: Im sogenannten ersten Brief des Petrus – der Petrus, auf den die katholische Kirche das Papsttum gründet – ermahnt Jesus die ersten Christ:innen, alle schlechten Eigenschaften wie Bosheit, üble Nachrede, Betrug und Heuchelei hinter sich zu lassen und sich begierig an der Muttermilch Gottes, die für das Gute steht, satt zu trinken. (1.Petrus 2, 2-3)

Auch der Prophet Hosea, womit wir wieder im Alten Testament sind, schreibt von Gott, die stillt. Aber anders als beim Brief des Petrus spricht Gott hier wieder in der Ich-Perspektive: »Ich neigte mich ihm zu und gab ihm zu essen.« (Hosea 11,4, LUT) Wenn ich mich in diese Selbstoffenbarung Gottes hineindenke, in das Bild einer Frau, die sich hinunterbeugt und die Brust gibt, frage ich mich, ob Gott wohl in der Öffentlichkeit stillen würde. Ob Gott auf einer Parkbank ihre Brust entblößen oder mit einem Tuch bedecken würde. Ob sie auch Schmerzen oder wunde Brustwarzen kennt?

Ein paar Verse weiter betont Gott ebenfalls im selben Text: »Denn Gottheit bin ich und kein Mann.« (Hosea 11,9) Was nicht allein als eine Abgrenzung zum Männlichen zu verstehen ist, sondern darauf hinweist, dass Weibliches und Männliches als Pole in Gottes Wesen beide vorfindbar sind. Gott sich einer biologischen Geschlechtlichkeit aber entzieht. Vielleicht sind Menschen, die jeglicher geschlechtlicher Verankerung entzogen sind, dem göttlichen Geheimnis ein Stück näher. Wer weiß?

In den Psalmen wiederum wechselt die Perspektive von Gott als Mutter zu dem Berufsstand der Hebamme. Wobei die meisten Hebammen im Altertum selbst Mütter waren. Sie stehen für eine gesellschaftliche Institution von Fachfrauen, verkörpern aber auch Solidarität unter Frauen.

Es ist die Geburtshelferin, die einen Menschen ins Leben begleitet.

Der Beter des Psalms – oder liegt hier vielleicht eine Beterin näher? – spricht Gott dabei direkt an: »Ja, du bist's, der mich aus dem Mutterschoß gezogen, mich sicher barg an meiner Mutter Brust.« (Psalm 22, 10-11) Es liegt eine enorme Wertschätzung für den Beruf der Hebamme in diesen Worten und so ein vollkommen anderes Gottesbild als das eines beispielsweise mächtigen Königs. Vielleicht wäre gerade das die Aufgabe von Kirchen: Im Namen Gottes für Hebammen jeglichen Geschlechts aufzustehen oder gar deren horrende Versicherungen zu zahlen ... Ich selbst verdanke meinen Zweitnamen »Edith«, was »die Kämpferin« bedeutet, übrigens unter anderem der Hebamme meiner Mutter, die meine Geburt begleitet hat.

Natürlich stoßen die Bilder aus heutiger Perspektive auch an Grenzen. Es gilt aufzupassen, auch hier nicht stereotype Eigenschaften von Mütterlichkeit, Care-Arbeit, Mental-Load oder Frauenberufen zu reproduzieren. Es geht mir auch nicht um die Glorifizierung von Mutterschaft. Erst recht nicht als die ultimative Erfüllung einer Frau. Es können und wollen auch nicht alle Frauen stillen. Väter können genauso trösten und Mütter können grausam sein. Dabei ist jede Form von Elternschaft auch immer ein Produkt der Kultur und unterliegt einem stetigen Wandel.

Dennoch finde ich es erstaunlich, dass ein Gott, der als Vater angeredet wird, sich selbst aber primär als Mutter vorstellt. Als Frau. Als weiblich gelesene Gottheit. Oder, ich trau es mich kaum zu sagen: Göttin. Wenn man mal bedenkt, dass 2015 ein Gericht in Düsseldorf den Tatbestand der Beleidigung erfüllt sah, weil eine Frau einen männlichen Polizisten als »Mädchen« bezeichnet hatte und ihr Mann, der Polizisten als »Bullen« bezeichnete, ohne Strafe davonkam.

Gott hat kein Problem damit, als weiblich gelesen zu werden. Nicht nur als Mutter. Sondern auch als Hausherrin. Im 123. Psalm identifiziert sich der oder die Verfasser:in sowohl mit einem Knecht als auch mit einer Magd, die wiederum auf das jeweilige Wohlwollen ihres Hausherrn und der Hausherrin schauen: »Siehe, wie die Augen der Knechte auf die Hand ihrer Herren sehen, wie die Augen der Magd auf die Hand ihrer Herrin, so sehen unsre Augen auf JHWH-Elochim, unsern Gott, bis er uns gnädig werde.« (Psalm 123,2)

Die Metapher aus der damaligen Alltagswelt befremdet an der Stelle, des Abhängigkeitsverhältnisses von Knechten und Mägden. Die Überwindung der Klassen spielt für die Verfasser:in hier keine Rolle. Dennoch fällt auf, dass hier kein Hausherr als Alleinherrscher manifestiert wird. JHWH, zu Deutsch Yah-weh, wird in den deutschen Übersetzungen fast immer mit »Herr« übersetzt, also einer eindeutig männlichen Zuordnung. Dabei ist JHWH die wichtigste Selbstbezeichnung Gottes und schwer wiederzugeben: »Ich bin der, der ich sein werde« oder »Ich bin da«. »Ich bin, wer ich bin« kommt dem Spektrum innerhalb der deutschen Sprache am nächsten. JHWH ist somit im Bild Hausherrin sowie Hausherr.

Im Matthäusevangelium benutzt Jesus für Gott das Bild einer Frau, die ein Sauerteigbrot backt. Die ganze Geschichte erstreckt sich über nur einen Vers: »Und er erzählte ihnen noch ein Gleichnis: Mit dem Himmelreich ist es wie mit dem Sauerteig, den eine Frau unter einen großen Trog Mehl mischte, bis das Ganze durchsäuert war.« (Matthäus 13,33) Die Idee des Himmelsreiches ist dabei kein imperialistischer Anspruch einer Weltherrschaft. Sondern, verkürzt gesagt, das Weitergeben des Guten, das im Kleinen, im Unerwarteten beginnt und sich dann vervielfacht.

Jesus selbst redet Gott zwar als männlich an. Er nutzt dabei aber nicht die förmliche Anrede des Patriarchen und Hausvaters, sondern er redet Gott mit »Ab-ba« an. Ein Kosewort. Ähnlich wie Papa.

So heißt es im Evangelium nach Markus: »Abba, mein Vater…« (Markus 14,36). Gleichzeitig beschreibt Jesus seinen Papa-Gott als eine Henne, die ihre Küken unter ihrem Flügel schützen möchte. (Lukas 13,34)

Dann ist da noch die »Weisheit«. Die Weisheit gilt als ein göttliches Geschenk, aber auch als eine Tugend, eine Haltung, nach der es zu streben gilt. Die Weisheit ist der Ursprung gelingenden Lebens, personifiziert von einer Frau. Die Weisheit ist laut dem biblischen Zeugnis weiblich. Im Hebräischen ist es die *chokmah*. Im Griechischen ist es die unseren Ohren vermutlich vertrautere »Sophia«.

Als modernere Vergleich denke ich dabei, ungeachtet der politischen Verhältnisse in den USA, an das Symbol der Freiheitsstatue. Die personifizierte Freiheit. Nicht nur in Wort, sondern auch als Denkmal, als Skulptur. Im wahrsten Sinne des Wortes greifbar und angreifbar, wie die Freiheit selbst.

Ganz ähnlich ist es mit der Sophia, der Weisheit, als Beispiel eines weiblichen, göttlichen Leuchtens im Dunkel eindimensionalen Denkens.

Zu guter Letzt möchte ich noch einmal auf einen der zentralen Glaubensinhalte des Christentums zurückkommen. Die Vorstellung eines sogenannten dreifaltigen Gotts: Vater. Sohn. Heiliger Geist. Diese Formel wird jeden Tag millionenfach laut und leise gebetet. In Kirchen. Vor dem Einschlafen. Vor Mahlzeiten. Bei Taufen und an Sterbebetten. Dabei wird viel zu häufig unterschlagen, dass der Heilige Geist eigentlich eine weibliche Kraft ist. Auf Deutsch eignet sich daher die Formulierung »Heilige Geisteskraft« viel besser als »Heiliger Geist«. Den Ursprung bildet das hebräische Wort *ruach. Ruach* ist eine unsichtbare Kraft, die Menschen mit dem Göttlichen verbinden, gleichzeitig ist es aber auch das natürliche Empfinden von bewegter Luft.

Diese Heilige Geisteskraft steht für Weite. Wind. Atem. Für den universalen Lebenshauch. Das erste Ausatmen und damit verbundene Schreien eines Säuglings. Für das Gefühl, wenn man den Kopf lange unter Wasser hält und dann den ersten Atemzug nimmt. Die kühle Brise auf zu heißer Haut. Den Wind, der die Samen einer Pusteblume weiterträgt und neues Wachstum ermöglicht. Sowie für das Pusten als solches, bei kleinen und größeren Wehwehchen.

Die Heilige Geisteskraft ist der wortwörtliche, aber auch der metaphorische Wind unter Flügeln. Die Kraft, bei der sich das Gefühl einstellt, dass über die eigene Kraft hinaus einen noch etwas ein Stück weitergetragen hat, als man es jemals für möglich gehalten hätte. Es ist der Glaube an eine tröstende, Leben schaffende Kraft, die allen Umständen zum Trotz wahrhaft Gutes bewirken kann.

Die Heilige Geisteskraft als ein weiblicher Wesenszug Gottes.

***

Ich hoffe, dass ein Hauch dieser Kraft damals auf den Klippen in Yport auch mir selbst zuteilwurde. Als der Gedanke, dass Gott eine Feministin sein muss, langsam Form annahm. Als ich nach biblischen Frauen und weiblich gelesenen Personen gesucht habe, die die Idee dieser Facette Gottes stützen können. Als ich mehr, als ich gedacht habe, meine eigene Biografie, Erfahrungen, Beziehungen, meinen Glauben damit verweben durfte. Als ich mich selbst auf die Reise gemacht habe zu entdecken, dass Gott nicht nur eine väterliche Seite bereithält, sondern auch aus einem »Mutterboden« hervorgeht. Nach der bis dato schmerzhaftesten Erfahrung, die eigene Mutter zu verlieren, wünsche ich allen Menschen, diesen unendlichen Schatz der weiblichen Seite im eigenen Glauben zu entdecken. Dabei stehe ich selbst erst am Anfang. Für alle, die es mit dem Glauben nach wie vor nicht so haben, hoffe ich, dass Gottes Vulva oder die Vorstellung, dass Gott ein Baby zur Welt bringt, ob als Mutter oder Hebamme, einen neuen Horizont eröffnen kann.

ANMERKUNGEN

1 Celina Plag: Wie sexistisch waren die Neunziger? Alte und neue Frauenbilder, FAZ-Online, 14.04.2021, URL: https://www.faz.net/aktuell/stil/leib-seele/sexismus-neuer-blick-auf-britney-spears-und-monica-lewinsky-17291269.html.

2 Sarah Vecera, Wie ist Jesus weiß geworden? Mein Traum von einer Kirche ohne Rassismus, Patmos Verlag 2022.

3 Art. »Abenteuer«, in: https://de.wikipedia.org/wiki/Abenteuer.

4 Theresa Lachner, Lvstprinzip, Blumenbar 2019.

5 https://www.lvstprinzip.de/.

6 Elizabeth Gilbert, Eat, pray, love oder eine Frau auf der Suche nach allem quer durch Italien, Indien und Indonesien, Bloomsbury Berlin 2006.

7 Mira Ungewitter, Roadtrip mit Gott. Leben ist Freiheit und jeden Tag ein Abenteuer, Verlag Herder 2019.

8 Name geändert: *Zoe* (griech.) bedeutet Leben, *haima* (griech.) Blut.

9 In: https://www.instagram.com/p/CRmRgBosg3W/?igshid=YmMyMTA2M2Y= (22.12.2022).

10 Sorority. Verein zur branchenübergreifenden Vernetzung und Karriereförderung von Frauen* in Österreich, Wien, https://sorority.at/.

11 Vgl. Artikel »Dogma«, in: https://de.wikipedia.org/wiki/Dogma (17.12.2022).

12 Doctors for Choice Germany e. V., Berlin, https://www.mehralsdudenkst.org/.

13 Doris Reisinger, geb. Wagner, Nicht mehr ich. Die wahre Geschichte einer jungen Ordensfrau, edition 1, 2014.

14 In: Jeannette Cwienk / Jens Olesen, Ex-Nonne: ›Ich war das ideale Opfer‹. URL: https://www.dw.com/de/ex-nonne-ich-war-das-ideale-opfer/a-47406440 (19.12.2022).

15 Heilige.de, Website des Bonifatiuswerks der deutschen Katholiken e.V., https://heilige.de.

16 Zwischenraum e. V., Christ:in & queer, https://www.zwischenraum.net/.

17 So z.B. in ihrer Selbstdarstellungsbroschüre: https://www.zwischenraum.net/wp-content/uploads/2023/04/zwischenraum_2022.pdf.

18 Die Gerechtigkeitsbibel – Hoffnung für alle. Die komplette Bibel mit mehr als 3000 hervorgehobenen Versen zu Armut & Gerechtigkeit, hrsgg. v. Micha-Initiative Deutschland, Brunnen-Verlag 2013.

19 »Wie ein Strohm von oben«, Original: *Like a river, glorious is God's perfect peace*, Text: Francis Ridley Havergal (1876), Melodie: James Mountain, deutsche Übersetzung: Anni von Wethern-Viebahn (1884-1931).